HENRI AMIC

George Sand

MES SOUVENIRS

Ce livre a paru avec ses illustrations dans le MAGASIN LITTÉRAIRE

PARIS
CALMANN LÉVY, ÉDITEUR
ANCIENNE MAISON MICHEL LÉVY, FRÈRES
3, RUE AUBER, 3

1893

GEORGE SAND

MES SOUVENIRS

CALMANN LÉVY, ÉDITEUR

DU MÊME AUTEUR :

FORMAT GRAND IN-18

AU PAYS DE GRETCHEN	1 vol.
MES VINGT-HUIT JOURS.	1 —
PLAISIR D'AMOUR	1 —
RENÉE.	1 —
MADAME DE KARNEL.	1 —

Droits de reproduction et de traduction réservés pour tous les pays y compris la Suède et la Norvège.

ÉVREUX, IMPRIMERIE DE CHARLES HÉRISSEY

HENRI AMIC

George Sand

MES SOUVENIRS

Ce livre a paru avec ses illustrations dans le MAGASIN LITTÉRAIRE

PARIS
CALMANN LÉVY, ÉDITEUR
ANCIENNE MAISON MICHEL LÉVY, FRÈRES
3, RUE AUBER, 3

1893

GEORGE SAND

MES SOUVENIRS

AVANT-PROPOS

Labruyère a écrit : « Corneille nous assujettit à ses caractères et à ses idées : il peint les hommes comme ils devraient être. »

Ce jugement peut s'appliquer à George Sand. Elle ne voulait pas, — elle ne savait pas — voir le mal : c'était pour elle une souffrance.

Mme *Sand avait les yeux et le cœur d'un poète, aussi, malgré les cruautés de la vie, qui ne l'avaient pas épargnée, son imagination la portait toujours à tout idéaliser, — les hommes et les choses.*

Ceci dit; si les lecteurs de ce livre trouvent que George Sand s'est montrée trop indulgente pour son auteur, « qu'ils mettent au point », comme dit le

Numa Roumestan d'Alphonse Daudet, et qu'ils ne l'accusent point de prétention ou de vanité.

En écrivant ces pages, il n'a eu qu'une idée ; montrer Mme Sand telle qu'il l'a connue ; c'est la volonté d'être vrai qui l'a fait ne rien effacer.

H. A.

L'église de Nohant.

GEORGE SAND

MES SOUVENIRS

I

1ᵉʳ novembre 73.

Novembre commence, il me trouve comme octobre m'a laissé, vêtu de mon uniforme de troupier et me promenant les bras ballants et le sabre au côté dans les rues de Rouen. Quelle existence fastidieuse !... Pour nous, toutes les heures se ressemblent...

Je me sens triste : à mesure que l'année s'avance, les jours me paraissent encore plus longs, plus ennuyeux et plus monotones que par le passé. — Rien ne m'intéresse, tout me déplaît. Je sais pourquoi, mais je n'ose le dire. Je suis mécontent des autres et de moi-même.

... Cette nuit, tandis que mes compagnons dormaient, je me suis senti plus seul encore. J'ai sérieusement réfléchi; puisque je suis hésitant sur la ligne de conduite que je dois suivre, je m'adresserai au plus aimé des génies de mon siècle à G. Sand et je la supplierai d'être mon guide.

C'est un projet fou que le mien; il est probable que ma lettre restera sans réponse, enfin je verrai bien.

2 novembre 73.

Ma lettre à Mme Sand est commencée; je suis plus calme. Je ris encore en pensant à quelle méprise ont donné lieu les premières lignes de cette lettre crayonnées sur un chiffon de papier et maladroitement oubliées sur une table de la cantine. Mon sergent-major, auquel notre cantinière a remis ce précieux document, a pris cela pour l'esquisse d'un billet tendre : j'ai protesté comme je le devais. Il a loué ma discrétion, mais il n'en a cru que davantage à ma prétendue bonne fortune. — Je fais mentir le proverbe : en me prêtant, à moi, ce n'est pas au riche qu'on prête, c'est au pauvre qu'on donne.

Ma lettre partira pour Nohant ce soir : en voici la copie.

« Lirez-vous cette lettre, madame ? Je l'ignore
« et n'ose l'espérer, et pourtant, vous le voyez,
« je l'ai écrite. Pourquoi cette contradiction ?
« — C'est qu'en vous écrivant, je cède à un élan
« de mon cœur que je ne veux point raisonner.
« — Combien je voudrais pouvoir vous dire les
« idées, les sentiments que vos œuvres ont
« éveillés dans mon âme !... Si je le pouvais, je
« ne serais plus assurément un étranger pour
« vous, vous liriez dans mon cœur, vous verriez
« que d'un enfant plein d'hésitation et de doute

« vous avez fait un homme et vous auriez pour
« moi je ne sais quelle pitié protectrice pleine
« de douceur. Le croiriez-vous? il n'est aucune
« de mes idées qui n'ait pris naissance en vos
« œuvres ou qui n'ait été élargie par elles.

« C'est en vous lisant que j'ai su dégager
« l'idée de Dieu de la religion catholique; c'est
« vous qui m'avez appris à aimer les arts, la
« musique tout ce qui élève l'âme et la rapproche
« de l'idéal : c'est vous, vous toujours qui m'avez
« enseigné que l'égoïsme est le pire des maux,
« et que *ceux qui donnent et pardonnent connaissent*
« *les plus hautes jouissances.*

« Peut-être croyez-vous, madame, que là se
« termine l'influence que vos œuvres ont eue
« sur ma vie? Il n'en est rien.

« J'ai vingt ans et bien que tout en moi aspire
« à l'amour, je n'ai jamais aimé. Ne riez point
« en entendant un pareil aveu, rien ne fait
« souffrir davantage que le vide du cœur. J'ai
« lu tous vos livres : *Mauprat, Jacques,* tous enfin
« sans en excepter un seul, et après les avoir lus
« je me suis fait de l'amour une si haute idée
« que j'ai préféré la solitude, malgré ce qu'elle

« a de triste et de cruel, à l'union de deux êtres
« que l'amour ne sanctifierait point.

« Et, maintenant, madame, si vous avez lu
« cette lettre, si vous y avez reconnu l'expres-
« sion de la vérité, dites-moi si vous ne blâmez
« point l'attente à laquelle je me suis condamné.
« Un mot de vous peut avoir sur ma vie la plus
« grande influence, ne l'écrirez-vous point?

« Vous me demandez qui je suis pour solli-
« citer pareille faveur? Hélas rien, un enfant, —
« étudiant en droit pour l'avenir, volontaire
« d'un an pour le présent.

« Veuillez agréer, madame, l'assurance de la
« très grande admiration et du plus profond res-
« pect de votre tout dévoué.

« H. AMIC. »

5 novembre 73.

Ma lettre est arrivée là-bas. Si elle doit être lue,
elle l'a été ce matin. Cette seule pensée suffit
pour me troubler. Je ne regrette pourtant pas
d'avoir écrit, si même j'étais sûr d'avoir été lu
par Mme Sand, j'aurais confiance et je me prendrais

à espérer; mais il se peut que quelque secrétaire... Comme ma petite vanité s'accommode bien de ce secrétaire-là !

6 novembre 73.

Aujourd'hui, quand est arrivé le vaguemestre, on a battu aux sergents, — suivant l'expression consacrée et l'ordinaire coutume. Les sergents ont couru : j'ai suivi le mien sans vouloir m'avouer pourquoi. J'ai tremblé en écoutant ce vieux homme appeler de sa voix monotone les noms baroques de mes compagnons, volontaires ou autres. Le paquet de lettres à distribuer était énorme. Il ne le dépouillait que lentement... lentement, et j'espérais toujours. Enfin la dernière lettre fut remise, — pas à moi.

8 novembre 73.

Chaque jour j'attends le vaguemestre, — je l'attends à en rêver. Pauvre homme, il ne se doute guère des émotions que me cause son arrivée ! — Et cependant je n'ose plus aller écouter l'appel des lettres. Les volontaires de ma compagnie ont eu vent de mon équipée et ils se rient de mon attente. Ils s'en moquent, moins peut-être que je ne le suppose, mais je me range au nombre des malheureux imbéciles qui ont le tort de croire qu'on s'occupe d'eux toujours.

12 novembre 73.

... Ma main tremble encore : j'y vois à peine. J'ai des envies folles de rire et de crier ma joie à tout ce qui m'entoure et je ne puis, ni ne sais. Ou bien, par un retour subit, silencieux je songe, et souriant je me sens ému jusqu'aux larmes.

La pluie nous avait aujourd'hui cantonnés dans la salle d'étude. Je causais tranquillement avec mon ami Alain Beauquenne, lorsque notre caporal me remit une lettre. Je tendis le bras, je regardai l'écriture, et voilà que soudain, sans savoir pourquoi, je devins tout pâle. Je ne me hâtai pas d'ouvrir l'enveloppe. J'éprouvais un plaisir très grand à tenir entre mes doigts ce petit carré de papier dont j'ignorais le contenu. — Je n'étais point sûr que cette lettre fût de George Sand et pourtant je l'aurais juré.

Enfin je déchirai l'enveloppe et je vis la signature, — je ne m'étais pas trompé. Alors je voulus lire : tout d'abord il me fut impossible d'en venir à bout : je crois bien que j'avais des larmes dans les yeux. Chaque caractère me semblait danser sur le papier : j'étais ému devant chaque trait de plume avant même d'en comprendre le sens.

Voici ce que m'écrivait M*me* Sand :

— Oui, j'ai lu votre lettre, monsieur, et je l'ai trouvée bonne et vraie. Je vous en remercie donc et, malgré une main encore malade, je veux y répondre. Vous me posez une question toute résolue dans mon expérience : restez pur et mariez-vous jeune avec une femme que vous aimerez. Vous aurez de beaux enfants sains et viables, c'est le but de la vie. La moitié de ces chers êtres languit ou périt par la faute du père ! — Et si du fait physique nous passons au fait moral, quelle richesse accumulée dans l'âme qui a su attendre et se gouverner !... Quelle santé !... Quelle force et quelle puissance dans cette âme-là !... Puissance transmissible comme l'autre. Réfléchissez aux progrès qu'eût fait l'espèce, à quels désastres elle

eût échappé, sans l'intervention du vice qui a tué toutes les énergies, — de père en fils et de mère en fille.

Soyez donc du petit nombre des hommes qui veulent remonter l'échelle descendue par les autres, nombre infiniment petit, mais à qui l'avenir appartient, tandis que tout le reste est condamné.

Adieu, monsieur, ayez la volonté de faire remonter la SUBSTANCE, esprit et matière, vers sa plus haute et sa plus nécessaire expression qui est ce que nous appelons Dieu.

A vous de cœur.

GEORGE SAND.

Nohant, 10 novembre 73.

Voici, après m'être longuement consulté, la lettre que je viens de répondre à Mme Sand :

— « Merci, madame, de votre chère et admi-
« rable lettre. Si, malgré toute la joie qu'elle
« m'a causée, je n'y ai pas immédiatement
« répondu, c'est que je n'osais vous parler de
« nouveau d'un inconnu. On m'assure que j'ai
« tort et je me laisse persuader.

« Qu'il est beau le chemin de la vie tel que
« vous me le montrez, madame, et combien je
« serai heureux si je puis le suivre !... Si vous
« me demandez pourquoi je doute de moi, je
« vous répondrai que je ne suis point aussi sûr
« de ma volonté que vous le semblez vous-
« même. Peut-on guider le cœur comme on
« guide la tête ?... Non. Et pourtant je com-
« prends que ce que vous m'avez écrit est le
« vrai de la vie. Quoi qu'il puisse m'arriver, je
« me souviendrai toujours de vos grands et
« nobles conseils.

« Veuillez agréer, madame, avec l'expression
« de ma plus haute admiration, l'assurance de
« la plus sincère et de la plus tendre reconnais-
« sance de votre tout dévoué

« H. Amic. »

. . . .
. . . .

II

Septembre 1874.

Une année s'est passée. Mon volontariat terminé, j'ai commencé mon droit; mais je me sens plus de goût pour la littérature et le théâtre que pour la science juridique. Je viens de terminer une comédie en 3 actes. Est-elle bonne ou mauvaise?... Qui me le dira?... Mme Sand. Je lui écris pour lui demander la permission d'aller la lui lire. Si elle consent à m'entendre, d'avance je me fie à son jugement.

... Je viens de recevoir les lignes suivantes :

« *Oui, cher monsieur, venez nous voir ; vous me lirez votre travail et nous en causerons. Restez quelques jours avec nous, vous nous ferez plaisir.*

« *Tout à vous,*

« G. Sand. »

Nohant, 4 octobre 1874.

Que de bonté dans ces mots si simples !... Je me recueillis et je jouis silencieusement de ma joie avant de partir pour Nohant.

Grâce à l'histoire de ma vie, je reconstitue la généalogie paternelle de Mme Sand. Elle est curieuse, la voici :

Frédéric-Auguste II Électeur de Saxe Roi de Pologne (1670-1733).	Marie Aurore Comtesse de Kœnigsmark 1670-1738).
Hermann Maurice Maréchal de Saxe (1696-1750).	Marie Rinteau dite demoiselle de Verrières (?-1773). (Laquelle avait eu du duc de Bouillon un fils, — l'abbé de Beaumont.)

Marie Aurore de Saxe
Comtesse de Horn en 1766 et en seconde noce
Mme Dupin de Francueil
(1748-1821).

Ici se présente un fait curieux, la fille du maréchal de Saxe, née le 20 septembre 1748 fut baptisée à Paris en l'église Saint-Gervais et Saint-

Protais sous le nom de Marie-Aurore, fille de Jean-Baptiste de la Rivière, bourgeois de Paris, et de Marie Rinteau sa femme. — Maurice de Saxe avait voulu constituer ainsi à sa fille un état civil régulier. — Aurore sortit du couvent de Saint-Cyr à dix-huit ans : elle y avait été élevée par les soins de Mme la Dauphine. C'est aussi Mme la Dauphine qui la maria au comte de Horn. Dès que cette union fut résolue, la jeune fille réclama la réforme de son état civil, il ne lui plaisait point d'être appelée faussement Mlle de la Rivière. Elle s'adressa donc au Parlement afin de faire reconnaître publiquement sa filiation naturelle; le Parlement fit droit à sa requête (*4 juin 1766*).

La comtesse de Horn devint, en 1777, la femme de Dupin de Francueil (1717-1789). Ils se marièrent à Londres. Le 13 janvier 1778, ils eurent un fils, François-Elisabeth-Maurice Dupin. — Maurice Dupin de Francueil épousa, le 16 prairial an XII, à la mairie de IIe ou du Ve arrondissement de Paris, Victoire-Antoinette-Sophie Delaborde (1774-1836), fille de Antoine-Claude Delaborde, et petite-fille de « la mère

Cloquart ». De ce mariage est née Mme Sand (le 2 juillet 1804 — 12 messidor an XII).

Voici la copie de son acte de naissance :

Paroisse Saint-Nicolas des Champs.

L'an mil huit cent quatre, le 2 juillet, a été baptisée Amandine-Aurore-Lucie, fille légitime de Maurice-François Dupin et de Antoinette-Sophie-Victoire de La Borde, demeurant rue Meslée n° 15.

Parrain a été Armand-Jean-Louis Maréchal.

Marraine a été Marie-Lucie de La Borde, tante de l'enfant.

Collationné à l'original et délivré par nous vicaire soussigné à Paris.

JULES HAURY.

Maurice Dupin de Francueil mourut d'une chute de cheval en 1808.

Mme Sand se maria en 1822 avec le baron Casimir Dudevant, dont elle eut deux enfants : Maurice, né en 1823, et Solange.

III

Octobre 1874.

..... Et maintenant, en route pour Nohant !

— Me voici à Châteauroux. Je couche à l'hôtel *Sainte-Catherine* : je ne dors guère, je me lève de bonne heure et je pars. Il y a huit lieues de Châteauroux à Nohant. En voiture, c'est un petit voyage. La droite route blanche s'étend devant mes yeux à perte de vue, interminable. Nous arrivons pourtant à onze heures à Nohant-Vicq. Me voici pris de peur ou de timidité, je trouve peu convenable de me présenter ainsi chez Mme Sand à l'heure du déjeuner. Je me fais arrêter à une sorte de cabaret qui est aussi un bureau de tabac. Je demande une omelette : on me sert tant bien que mal, plutôt mal, mais je n'y prends pas garde. Je ne pense point à ce que je mange.

Je n'ai qu'une envie, je voudrais parler et surtout entendre parler de G. Sand. La brave femme qui me sert semble m'avoir deviné, elle s'arrête les poings sur les hanches et me regarde avec un bon sourire sur les lèvres :

— C'est-il indiscret, me dit-elle, de vous demander, Monsieur, où vous allez comme ça ?

— Je vais chez Mme Sand...

— Ah ! vous allez au château, chez not' dame.

— Vous la connaissez ?

— Oui bien. C'est pas qu'on la voit souvent, elle ne sort plus guère à présent, mais on la connaît toujours et on l'aime parce qu'il n'y a personne au monde qui soit meilleur. Des femmes comme ça, voyez-vous, monsieur, le moule en est brisé, on n'en fait plus. On pourrait mettre dans un mortier quarante têtes des hommes les plus intelligents, les plus instruits du pays et d'ailleurs, on les pilerait et on les repilerait, on ne fabriquerait point une tête pareille à celle de not'dame. Et avec ça, je vous le répète, c'est la bonté même, la bonté du bon Dieu quoi !... Chacun dans le bourg se ferait hacher pour elle !

La brave paysanne !... Je ne lui dis pas une parole. Son admiration naïve m'a remué.

Je monte en voiture. Nous quittons la grand'-

route. A travers de vieux noyers, j'aperçois la maison. Dans quelques minutes je serai arrivé.

Diable de cocher!... Le voici qui fait claquer son fouet, et clic et clac!... que de bruit!... J'ai envie de lui crier que je ne suis point un personnage et qu'il n'est pas nécessaire d'annoncer ainsi ma venue. Ce grand tapage ne fait qu'augmenter mon trouble. Nous entrons sous le portail, puis dans la cour plantée d'arbres. Me voici dans le vestibule, où je suis reçu par une adorable fillette, la plus jeune fille de Maurice Sand, Gabrielle, une enfant de six ans.

— Je vais aller prévenir bonne mère, s'écrie-t-elle après m'avoir gentiment tendu ses joues roses. Et vite elle s'envole.

Je traverse la salle à manger, et une servante coiffée du calot berrichon, m'introduit dans le salon. Là, j'attends. Comme mon cœur bat! Je n'ai pas même l'idée de regarder les objets qui m'entourent. Tout à coup, j'entends une bonne voix d'un timbre grave et cependant très doux, Mme Sand entre, précédée de ses deux petites-filles, Aurore et Gabrielle.

— Enfin, vous voilà, mon cher enfant, me dit-elle en me tendant les bras.

Je l'embrasse profondément ému.

— Où avez-vous déjeuné ? me demande-t-elle tout de suite.

— A Nohant-Vicq.

— Vous voulez donc que je vous gronde ! Pourquoi n'êtes-vous pas venu directement ici ?... Vous ne nous traitez pas en amis, mais tout cela va changer. D'abord vous nous resterez quelques jours, c'est décidé. Je n'entendrai votre comédie que lorsque vous serez tout à fait en confiance avec moi... En ce moment, le temps est beau, profitons-en pour faire ensemble un tour de jardin.

Tout en me permettant d'admirer les cèdres qui ornent le devant de la maison, le joli bois et les fleurs vivaces de toutes espèces qui fleurissent sous une longue allée de pommiers, Mme Sand me parle de la difficulté d'écrire pour le théâtre.

— Vous voulez du premier coup, me dit-elle, aborder le genre le plus difficile, le plus ardu. A la scène on n'est jamais sûr d'un succès : le succès dépend de tant de choses !... D'abord les interprètes, qui pèsent sur votre pensée, puis le public, le public, qui ne sent pas tous les jours de la même façon. Telle pièce applaudie, il y a trente ans serait d'un effet nul aujourd'hui et réciproquement. Les idées, les manières de voir et de juger les sentiments changent avec le temps. Je suis d'ailleurs un mauvais juge en fait de théâtre, je vous en préviens. Les scènes de mes comédies, qui me plaisent le plus, passent parfois inaperçues, tandis qu'on fête celles que j'aime le moins.

Puis, changeant de conversation : — Si vous trébuchez au premier pas que vous faites dans les lettres, n'allez point vous décourager, mon enfant. La littérature n'est rien autre chose que l'histoire de la vie. Vous êtes bien jeune encore pour connaître cette histoire-là. Donc, pas de découragement, n'est-ce pas ?

Nous parlons ensuite du *Sphinx*, d'Octave Feuillet. Les deux derniers actes ont vivement impressionné Mme Sand.

— J'aime beaucoup les émotions violentes, m'avoue-t-elle avec un sourire, peut-être cela vient-il de ce que je ne sais point les donner aux autres. On a reproché à Croizette d'avoir composé sa scène d'empoisonnement de façon trop réaliste, je ne lui adresserai point ce reproche. Si vous aviez vu Mme Dorval dans *Chatterton*, c'était bien autre chose. La génération actuelle s'effarouche sans raison. La faiblesse seule de ses nerfs lui fait croire qu'elle est audacieuse.

... Tout en causant, Mme Sand me conduit auprès de son fils qui est en train de travailler à son théâtre de marionnettes. C'est tout un monde que ce théâtre !... Il est agencé, machiné comme une vraie scène, et le nombre des acteurs et actrices de la troupe est considérable. Ces artistes de bois ont été sculptés par M. Maurice et habillés par sa mère. Il paraît que certains d'entre eux ont leur histoire, ainsi Balandard, le chef de la troupe. Ils ont même des façons de parler particulières que l'habile impresario sait leur conserver dans leurs divers rôles. J'écoute très surpris.

Mme Sand réclame une représentation pour moi. M. Maurice se rend gracieusement à sa demande. Me voici bien content.

— Maintenant je vais vous quitter pour aller

donner une leçon de français à Aurore, l'aînée de mes petites-filles. Voici mon bureau. Chaque fois que vous voudrez me voir, venez, vous ne me dérangerez jamais, me dit Mme Sand.

Puis me laissant à la porte de ma chambre :
— A présent, monsieur Amic, écrivez, promenez-vous, allez voir Maurice : je vous abandonne. La maison est à vous.

Il est impossible d'entendre mieux les devoirs de l'hospitalité. Respecter la liberté de ceux qui nous entourent, c'est là un mérite très rare et digne d'être apprécié d'autant plus.

J'ai été présenté aussi à Mme Maurice Sand. Elle ne m'a point beaucoup parlé. Elle est jolie et très jeune encore : malheureusement elle a la vue basse et elle porte de grosses lunettes. C'est la fille du graveur italien Calamatta et la petite-fille de Houdon.

A six heures on sonne le dîner. Je trouve au salon M. Maurice avec M. Edmond Planchut. Ce dernier est un vieil ami de la maison, rédacteur de la *Revue des Deux-Mondes* et du *Temps*. Il a fait la connaissance de Mme Sand dans des circonstances bien curieusement romanesques.

Il a conté très joliment cette histoire dans le *Tour du Monde en 120 jours*. C'est un homme très aimable et de très belle humeur.

Nous dînons gaîment. Chacun se sent heureux d'être là, et cette gaîté tranquille est d'autant plus douce qu'elle n'est pas cherchée.

Après le dîner, on joue successivement à cache-cache, au tarabusté, au commerce, puis, après le coucher des enfants, aux dominos à quatre. Je suis le partenaire de Mme Sand. Je crois bien que je la fais perdre, mais elle ne fait qu'en rire et ne m'en sait pas mauvais gré.

Peu à peu, après les petits, les grands quittent le salon. Je reste seul avec Mme Sand.

— Ne vous croyez pas obligé de veiller pour me tenir compagnie, me dit-elle, restez, montez vous coucher, prenez-en à votre aise. Ici, chacun est libre. Je vous le répète, et, tenez-vous-le pour dit une fois pour toutes, la plus grande peine que vous puissiez me faire est de vous gêner pour moi.

Puisqu'il en est ainsi, je reste, et tandis que Mme Sand s'apprête à peindre une *dendrite*, je m'installe auprès d'elle.

Les bords de l'Indre.

— Quand vous voudrez avoir mon avis sur quelque chose ou sur quelqu'un, me dit-elle, interrogez-moi, mon enfant, je serai toujours prête à vous répondre quand je le pourrai. Si je m'amuse à peindre, c'est que je ne sais point rester inactive, et puis c'est une façon de me reposer l'esprit. On ne peut pas toujours écrire, cela fatiguerait et le travail se ressentirait forcément de cette fatigue : il faut éviter cela.

La conversation court de Michelet à Louis Blanc et de Louis Blanc à Rochefort. L'auteur du *Péché de M. Antoine* et du *Compagnon du tour de France* a l'horreur des hommes de la Commune. Mme Sand ne comprend pas comment d'honnêtes gens conservent des attaches avec de pareils misérables. Elle en veut cruellement à ces tristes individus parce qu'ils ont souillé de sang les idées sacrées qu'ils prétendaient représenter, à savoir la solidarité et la fraternité humaines.

Nous parlons ensuite de Voltaire, puis de Jean-Jacques Rousseau.

Jean-Jacques servit dans sa jeunesse chez M. Dupin de Francueil. Certains détails de la vie intime de l'auteur du *Contrat social* sont ainsi parvenus du grand-père à la petite-fille. Rousseau s'est, paraît-il, accusé sans raison, mais avec emphase d'un vol de rubans. L'histoire est inventée à plaisir.

Mme Sand cesse de peindre : elle fait maintenant une patience. Son fils entre. On m'a dit qu'il croyait au spiritisme, aux tables tournantes ; cela m'étonne, mais je veux en avoir le cœur net, je l'interroge. Il me répond en riant et sa mère fait comme lui.

— Ce qui est étrange, me dit-elle, c'est que des esprits distingués ont ajouté foi à ces sornettes. Delphine Gay (Mme Emile de Girardin) ne voyageait jamais sans un guéridon, et elle défendait expressément à ses domestiques de l'essuyer. Cette femme, si pleine d'esprit pourtant, était convaincue que si sa précieuse petite table était touchée par d'autres mains que les siennes, les esprits lui répondraient des inconvenances...

On ne croit ici au merveilleux sous aucune forme. On vit bien et l'on croit en Dieu, sans même le dire, parce qu'il semble tout simple d'y croire.

A minuit et demie, nous regagnons nos chambres.

IV

C'est maintenant que Mme Sand va écrire. Souvent il fait jour, alors qu'elle travaille encore.

On entre chez elle vers dix heures. Elle ne déjeune point avec ses enfants, mais toute seule. Son premier repas lui est servi dans sa chambre. Ce n'est que vers une heure qu'elle descend au jardin.

On se promène, on fait une partie de boules; puis à deux heures, deux heures et demie au plus tard, on se sépare pour aller travailler ou flâner, suivant les goûts de chacun, car on est libre d'user le temps à sa guise.

Aujourd'hui je suis monté dans le bureau de Mme Sand pour lui lire mes trois actes.

— Je vais peindre pendant que vous lirez. Je ne vous en écouterai que mieux, ajoute-t-elle.

Je commence; ma voix tremble un peu. Voici la lecture terminée.

— Votre premier acte est bon, mais les deux derniers ne sont pas bien venus, me dit George Sand. L'idée sur laquelle repose votre pièce ne me semble pas non plus tout à fait juste. Votre père féroce n'est guère de notre temps, et votre mère, qui, pour sauvegarder l'honneur de sa fille, s'accuse devant son mari d'une faute qu'elle n'a pas commise, ne me paraît ni humaine, ni vraie. Les femmes nieront toujours même la vérité, jamais elles ne s'accuseront sans raison. Pour faire admettre une situation semblable, il faudrait des costumes afin d'éloigner le public de la réalité. Croyez-moi, laissez dormir votre idée : vous la réveillerez plus tard.

— Vous êtes bien doué, vous écrivez facilement et votre style est pur; mais cela ne suffit pas. Avant de songer à produire, il faut apprendre, piocher ferme et toujours.

Etudiez le droit, les sciences naturelles, l'histoire : lisez beaucoup, sans jamais cesser d'écrire, mais, pas pour les autres, pour vous-même. Surtout songez à varier vos études afin de renouveler votre intelligence; tout être qui écrit a ce besoin-là.

Si nous comparons votre esprit à un ballon, je vous dirai, mon enfant, de prendre grand soin de le remplir afin de lui permettre de prendre son essor, et je vous recommanderai de ne point le laisser se vider par votre faute. On ne prend pas assez garde à cela. Quand vous aurez trente ans, vous commencerez à savoir pas mal de choses. Hasardez-vous alors à écrire : vous serez armé pour la lutte.

Défiez-vous pourtant du théâtre : les succès qu'on y obtient vous minent, c'est comme la fièvre pour les joueurs. Si, malgré tout, vous persistez, n'abordez la scène qu'avec un grand fonds de philosophie : tant de déceptions, tant de désillusions vous y attendent ! Au théâtre, on n'est sûr de rien. On vit de rêve. Tout y est factice. Les comédiens eux-mêmes ne peuvent pas être jugés comme les autres hommes. Ils ne connaissent guère d'autre soleil que le feu de la rampe. Comment auraient-ils une juste idée de la vie. Leur horizon est si restreint !...

Ecrivez des romans, vous vivrez tranquille et vous aurez la paix. Le succès que vous obtiendrez avec un livre ne dépendra que de vous, le succès obtenu au théâtre est dû souvent aux acteurs autant qu'à l'auteur. Telle est ma pensée, mais travaillez, c'est là le point important : plus tard vous ferez ce qu'il vous plaira.

Je vous le répète encore, ne vous hâtez pas de produire, ce serait gaspiller vos qualités naturelles et elles s'envoleraient bien vite en fumée. Il faut les traiter comme le bon vin, et savoir les laisser vieillir.

Gardez votre pièce; vous la refondrez un jour et vous en ferez quelque chose, j'en suis assurée; mais attendez. Je vous ai dit les défauts qui m'ont frappée : je ne connais pas assez le théâtre pour y remédier, cependant alors même que je le pourrais, je ne chercherais pas ce moyen-là. L'esprit doit avoir son indépendance personnelle : il ne faut pas en précipiter la gestation.

Avec les tendances que vous avez, vous ramènerez aisément toutes les branches de vos études à la littérature. C'est de ce côté-là surtout que vous envisagerez chaque chose. Vous avez fait votre volontariat : c'est une bonne fortune. Vous avez appris ainsi à connaître un monde auquel vous étiez étranger. Vivez, maintenant, observez, sachez profiter de ce que vous verrez, n'écrivez que ce que vous aurez senti et point ce que vous vous imaginerez voir sentir aux autres. Remplissez tout ensemble votre tête et votre cœur. — Notre cerveau est semblable à un vase. Quand le vase est plein, il vient alors une goutte d'eau qui le fait déborder, — c'est pour elle qu'ont travaillé les précédentes ; cette goutte d'eau qui déborde de la tête de l'écrivain, ce doit être le besoin d'écrire ou la littérature, si le mot vous plaît davantage.

..... De meilleurs conseils, il est impossible d'en recevoir.

— Je vous parle comme si vous étiez mon fils, me fait observer Mme Sand avec un bon sourire ; puis, me tendant ce qu'elle vient de peindre : « Prenez cela, ce sera un souvenir de notre grave entretien. »

Il y a trois heures que je suis là, trois heures que je n'oublierai de ma vie !

Aurore et Gabrielle surviennent ; nous sommes déjà de grands amis.

— Ah ! çà, mon cher enfant, s'écrie leur bonne mère en me fixant de ses beaux yeux pleins de bonté qui savent regarder de si haut les hommes et les choses, vous n'allez pas nous quitter tout de suite : rien ne vous appelle à Paris. »

Je parle de partir samedi.

— Non pas : vous ne vous en irez pas avant lundi. Je veux que vous partiez d'ici convaincu que nous sommes de bonnes gens afin d'être assurée de vous revoir bientôt.

Je ne songe guère à refuser.

... Ce soir, M. Maurice nous a donné une représentation de marionnettes. Le titre de la pièce était : « *Les Tables parlantes.* » Notre conversation de la veille a fait naître cette amusante fantaisie. Rien de plus curieux que de voir aller et venir ces petits personnages de bois. Les yeux faits avec des têtes de clou ont un luisant qui donne l'illusion de la vie. Au bout d'un instant, on dirait que ce sont de petits hommes regardés par le gros bout d'une lorgnette. Il se meuvent avec une vérité de gestes incroyable.

Le théâtre des marionnettes de Nohant a son histoire : sa fondation date de 1847. Il a passé par bien des phases : ce n'était d'abord qu'une sorte de guignol. M. Edouard Cadol possède encore à l'heure présente le théâtre des marionnettes de Nohant, première édition. — Maintenant, ces commencements difficiles sont oubliés; Balandard, le directeur, a vu prospérer ses affaires. Sa troupe est plus nombreuse que celle de la Comédie-Française elle-même (ceci soit dit sans comparaison aucune). Elle ne comprend pas moins de cent vingt personnages. C'est un personnel sûr, qui hait la discorde et dédaigne les tournées.

— J'apprends que c'est après avoir donné à son fils un scénario, qui, mis à la scène, l'avait passionnée, que Mme Sand écrivit *l'Homme de neige*.

— Au fond, me dit-elle, Christian Waldo, c'est Maurice.

Le besoin de donner à ces chères petites marionnettes qui l'amusent tant une apparence de vie réelle poursuivit longuement George Sand. C'est ainsi que, dans *Pierre qui roule* et *Le beau Laurence*, elle a révélé au public l'existence de certains des artistes de la très nombreuse troupe de notre cher Balandard.

A la gauche du théâtre des marionnettes, j'aperçois un vrai théâtre de taille minuscule, mais fort bien compris. Le rideau, la rampe, les décors, — rien ne manque. C'est là qu'autrefois jouèrent tour à tour Mme Arnould-Plessy, Mlle Fernand, la créatrice d'Edmée de Mauprat, Bocage, Thiron, Sully, Clerh, Manceau, sans compter Mme Sand elle-même, Mme Maurice, M. Maurice qui jouait, paraît-il, les Bressant à la perfection, Edouard Cadol, Eugène Lambert, etc., etc...

Lorsque Mme Sand voulait essayer une de ses pièces, elle la faisait jouer sur cette scène et, si elle en était satisfaite, elle convoquait à un nouvelle représentation certains directeurs de Paris. C'est ainsi que *le Pressoir* fut joué devant les directeurs de l'Odéon et du Gymnase et pris par M. Montigny qui le monta aussitôt. Beaucoup d'autres pièces furent jouées et demeurèrent ignorées par la volonté même de leur auteur.

On donnait encore sur ce théâtre des représentations relevant d'un genre particulier. Les artistes n'ayant aucun texte écrit jouaient guidés seulement par un scénario. Il leur fallait improviser le dialogue en scène. Ces soirs-là, Thiron était, dit-on, d'une verve et d'une fantaisie inouïes : il avait des trouvailles de mots tout à fait extraordinaires, tandis que Mme Plessy était très au-dessous d'elle-même.

« Nous avons joué ici *Claudie* et *François le Champi*, me conte Mme Sand, et je me suis amusée à convier à ces représentations nos paysans berrichons. Je voulais savoir s'ils comprendraient ma pensée, s'ils reconnaîtraient leur langage et j'ai eu la joie très grande de les voir pleurer. Ces larmes-là m'ont été au cœur plus que bien des éloges de messieurs les critiques. J'étais heureuse d'être comprise des âmes simples : ce n'est pas toujours si aisé. » — Puis, cessant de parler d'elle : « C'est le grand mérite d'Erckmann-Chatrian. Ces hommes-là écrivent bien et d'une façon intelligible et intéressante pour chacun. Ils savent se mettre à la portée de tous et cela sans jamais descendre. C'est un grand et difficile problème qu'ils ont su résoudre : cela leur fait honneur. »

Nous rentrons au salon.

Mme Sand fume la cigarette presque sans cesse : c'est une habitude contractée plus qu'un goût caractérisé. Elle laisse s'éteindre sa cigarette à tout instant par distraction. Partout où elle va, elle sème nombre de petites allumettes bougies.

Si je ne dis rien de la personne physique de G. Sand, c'est que son portrait est connu de tous. Pourtant, ceux qui ne l'ont pas vue ne peuvent se faire une idée de la beauté de son regard. Contrairement à ce qu'on peut croire en voyant la statue de Clesinger (cette statue est actuellement au foyer de la Comédie-Française, Clesinger épousa la fille de M*me* Sand), elle est de petite taille. Sa main toute mignonne est d'une forme admirable et son pied est d'une finesse tout aristocratique.

Me voici de nouveau assis près d'elle. Je lui parle d'un de ses romans, *André*, avec une grande admiration.

André ? s'écrie-t-elle, ma foi, je ne m'en souviens plus très bien, mon enfant. Je suis très mauvais juge de ce que je fais, moi. Aussitôt que j'ai terminé un roman, je l'oublie pour ne plus songer qu'à celui que j'ai en tête, et j'en ai toujours un. Celui-là, jusqu'à ce qu'il soit achevé, me semble très supérieur aux précédents ; après quoi, il a le sort des autres.

C'est tout en faisant des patiences que Mme Sand me parle ainsi. Je la regarde disposer ses cartes. Elle me regarde à son tour en souriant.

— Les patiences abrutissent doucement, me dit-elle, on les fait sans y songer. L'esprit s'y porte forcément, mais il n'est ni absorbé, ni tendu : c'est un repos.

Nous parlons peinture. G. Sand n'aime point du tout le *Christ* de Bonnat.

— Encore si c'était exact, s'écrie-t-elle, mais c'est faux. C'est une interprétation mensongère. Le Christ était un juif d'Asie. Il était blond ; ses traits devaient être fins et expressifs comme le sont ceux des êtres qui vivent par la pensée. Est-ce ainsi que nous le représente Bonnat ? Point du tout. Quand on se réclame de l'école réaliste, il faudrait se montrer logique avec ses théories et commencer par tâcher d'être vrai ; mais non, au lieu de Jésus, c'est un portefaix parisien qu'on place en croix sous nos yeux. — Au fond, ces messieurs se figurent, je ne sais trop pourquoi, que la vérité, c'est la laideur. Cette erreur me révolte, et ces prétendus réalistes me semblent tout simplement des niais. La nature peut être plus belle, à certaines heures du jour, et moins séduisante à d'autres ; c'est certain. Mais ceux qui choisissent justement pour la peindre ces minutes-là, ceux qui s'ingénient de parti pris à rechercher la laideur au lieu de la beauté, ceux-là manquent de discernement et de goût : ils ne méritent guère d'être appelés des artistes.

V

Ce matin, suivant les conseils de Mme Sand, j'ai été me promener jusqu'aux bords de l'Indre. —

C'est aujourd'hui jour de marché. Sur la route je rencontre, soit à pied, soit en carriole, des paysannes et des paysans berrichons. Ils sont tous très propres, — à l'œil tout au moins. Le bonnet du pays donne aux femmes un petit air chaste qui leur sied à ravir. En les regardant, je songe à la *Petite Fadette* et à la gentille Marie de *la Mare-au-diable*.

Dans les champs j'aperçois de nombreux attelages de bœufs conduits par des hommes ou même des enfants qui *briolent* pour exciter leurs bêtes. Le briolage est une sorte de chant étrange. Point de paroles, mais une suite de roulades qui fait penser à un chant d'oiseau. C'est très particulier et cependant très musicalement doux. A mesure que la civilisation envahit le Berry, les fins *brioleurs* deviennent de plus en plus rares. Les paysans cessent de chanter, ils se taisent quand ils se savent écoutés d'un monsieur et encore bien plus d'une dame. Ils sont un brin sauvages et ils craignent la moquerie.

Je prends un petit sentier pierreux joliment encaissé de haies : il court de droite et de gauche à travers les brandes. Au loin il est borné par de grands peupliers qui se dressent vers le ciel comme de longs cierges gigantesques. Le feuillage des arbres est déjà tout doré des premiers froids de l'automne.

J'arrive sur les bords de l'Indre. Malheureusement la pauvre petite rivière est tarie ou presque, et les gentils moulins posés sur son cours ne marchent plus. Ils ont « perdu la parole » ni plus ni moins que celui de la Madeleine Blanchet de François le Champi.

Je reviens de ma promenade enchanté, ravi. Je retrouve dans la nature même du Berry mille choses, mille coins de paysages que je connaissais déjà. C'est que le charme pénétrant de ce pays m'a été révélé bien avant ma venue par celle qui a su en dégager toute la poésie.

Aujourd'hui, en entrant dans le bureau de Mme Sand, j'entends Aurore qui récite quelque chose. Je lui demande ce qu'elle se raconte ainsi à elle-même.

— C'est une prière que bonne mère a faite pour moi, me répond-elle, veux-tu que je te la dise? — Je réponds oui et j'écoute tout ému.

A Aurore.

AURORE

Mon Dieu, je ne suis qu'un enfant,
Je ne sais pas ce que vous êtes,
On me dit : C'est le Tout-Puissant,
Priez-le dimanches et fêtes.

Moi, je sais que le ciel est beau,
Que le jardin est plein de roses
Et quand la nuit met son manteau
Je rêve un tas de belles choses.

Est-ce vous le soleil couchant ?
Est-ce vous la nuit dans ses voiles ?
Est-ce de vous que dans son chant,
Le rossignol, parle aux étoiles ?...

Est-ce vous qui donnez des fleurs
Quand il a tombé de la pluie ?...
Est-ce vous qui séchez mes pleurs
Quand maman rit et les essuie ?...

Ai-je donc besoin du bon Dieu,
Pour être une petite perle ?
Pour pousser droite comme un pieu,
Pour rire et chanter comme un merle ?...

GRAND'MÈRE

Mon enfant, la joie et l'amour,
Tes jeux, tes rêves, tes ivresses,
Les fleurs, le ciel, la nuit, le jour,
Nos baisers, nos tendres caresses,

Tout cela vient de quelque Phta,
Meilleur que tous ceux de l'histoire,
Ni Jupiter, ni Jéhovah
A ceux-ci tu ne peux pas croire.

Mais nous trouverons bien le vrai,
A force d'être bonne et sage,
Et, quelque jour, je te dirai
Que ta raison est son ouvrage.

Tu me diras : « Je le sens là
Dans mon cœur fait à son image,
Je ne connais rien au delà,
Son nom, sa voix ni son visage.

Il ne se montre point à nous,
Mais il nous aime ou nous pardonne ;
Ne le prions pas à genoux,
Aimons-le dans ce qu'il nous donne.

— Maintenant, me dit Aurore, avant même de me donner le temps de respirer, il faut venir voir le cabinet de travail de papa : bonne mère l'a dit.

Elle me prend la main et nous voilà partis.

La salle de travail en question est très curieuse. C'est une sorte de grand atelier où, à côté des chevalets, des mannequins de peintre, etc..., etc..., je vois rangée une collection considérable d'échantillons géologiques. M. Maurice, après avoir travaillé dans l'atelier d'Eugène Delacroix, s'est occupé tour à tour de littérature et de sciences. Il n'est pas de connaissance qu'il n'ait effleurée, mais il n'a pris que le miel des choses. L'amour des papillons et le désir de connaître l'histoire de la terre lui ont fait quitter tour à tour la plume et les pinceaux. J'apprends tout cela par Aurore qui s'est faite mon cicerone. Elle m'amuse beaucoup, ma gentille petite amie. Elle me raconte qu'elle a commencé un roman.

Un instant après, me désignant un bibelot :
— Cela, me dit-elle d'un petit ton sérieux, c'est un monsieur qui nous l'a donné, un monsieur que tu ne connais pas et qui s'appelle Flaubert.

Je ne proteste pas, à quoi bon ? — Aurore me montre aussi le vestiaire ou la garde-robe, le magasin des costumes de l'ancien théâtre de Nohant.

Puis, cet examen terminé : « Allons retrouver bonne mère, » me dit-elle

A l'heure présente, étant moins troublé, je regarde autour de moi.

Le bureau sur lequel travaille Mme Sand est très simple, mais très confortable et très grand. Il est tout en chêne et a 2^m,60 de long. Aurore travaille à droite, du côté de la fenêtre, parce que c'est plus gai, et sa bonne mère à gauche, au fond de la pièce. Le bureau a trois tablettes. La première est large de 0^m,30 ; elle sert à ranger les papiers et les livres. Les deux autres ont seulement 0^m,10 à 0^m,12. Sur celles-là sont placés quelques bibelots entre autres un éléphant de porcelaine blanche, puis des échantillons minéralogiques.

Le bureau a un fronton. Sur le côté gauche de ce fronton, du côté où travaille George Sand est collé un morceau de papier avec cette citation écrite de sa belle grande écriture :

> La nature agit par progrès, *itus et reditus*.
> Elle passe et revient, puis va plus loin,
> puis deux fois moins, puis plus que
> jamais.
> PASCAL

Au mur, des livres sur des rayons placés à portée de la main. La chambre à coucher tendue de papier bleu avec des médaillons Louis XVI donne sur le bureau.

— Eh bien! mon enfant, êtes-vous content du tour que vous avez fait dans la maison avec Aurore? me demande Mme Sand. Moi, je ne suis pas fâchée de vous voir revenus tous les deux, parce que je ne suis pas en train de peindre; aujourd'hui, je ne fais rien de ce que je veux. —

Vous savez comment Maurice me prépare mes dendrites ; il écrase entre deux cartons bristol des couleurs à l'aquarelle. Cet écrasement produit des nervures parfois curieuses. Mon imagination aidant, j'y vois des bois, des forêts ou des lacs, et j'accentue ces formes vagues produites par le hasard ; mais je me trouve parfois embarrassée : c'est ce qui m'arrive en ce moment. » — Et changeant d'idée : « Aurore vous a-t-elle montré les collections de son père ? — Il a beaucoup travaillé et il travaille toujours les sciences naturelles. Vous ferez bien de faire comme lui. Ces études sont indispensables à qui veut écrire. Il ne suffit pas de regarder la nature, il faut savoir l'apprécier, apprendre à l'admirer dans ses moindres détails. Celui qui se contente de voir les papillons voler dans l'air ne peut point admirer les couleurs si finement diaprées de leurs ailes. Il en est de même des fleurs ou des pierres, et même des étoiles. Quand on est ignorant, voyez-vous, on ne sait pas regarder. Apprenez, et vous découvrirez dans les choses qui vous entourent mille beautés inconnues. Alors, vous éprouverez des joies que vous ne soupçonnez pas. — Ce ne sont pas des mots, des noms qu'il faut vous mettre dans la tête, mais des règles générales qui vous guideront à travers vos études. — J'ai là tout un herbier très volumineux que j'ai classé et étiqueté. J'ai pris un très grand plaisir à ce travail. Le travail nous permet de nous échapper à nous-même aussi bien qu'aux ennuis de la vie. »

Après avoir parlé de choses et d'autres : — « Il faut que je vous montre une curieuse lettre que j'ai reçue de Norvège il va y avoir trois ans, et que le hasard m'a fait retrouver tout à l'heure. Vous en prendrez copie si cela vous amuse.

« Madame,

« Vous avez de sincères admirateurs jusque dans l'*ultima Thule*. Un d'entre eux, votre serviteur, a découvert, ce que vous ignoriez peut-être, que vous êtes la grand'tante, au moins à la mode de Gascogne, de S. M. Guillaume le Victorieux, empereur de toutes les Allemagnes. — D'après une autre généalogie également jointe à ma lettre, vous êtes au moins sa cousine à degré égal.

« Saluez, madame !... De cette parenté vous ne tirerez sans doute ni honneur, ni gloire, quoiqu'il ne soit pas donné à tout le monde d'être la tante ou même la cousine de Gengis-Khan.

« J'espère pourtant tirer parti de ma découverte et voici comme :

« Votre neveu, puisque neveu il y a, est né avec les plus graves défauts. De nos nombreux parents communs (tous les souverains de l'Europe, sauf le pape, le sultan et Napoléon III) aucun ne jouit, pour mettre à la raison cet enfant insoumis, d'une autorité morale comparable à la vôtre.

« Peut-être pourriez-vous réussir par une surveillance et des corrections quasi maternelles à apprivoiser ce garnement. C'est dans cet espoir que je me permets de vous adresser avec mes deux généalogies l'assurance, madame, de mes sentiments respectueux.

« CH. DELGABEN.

« Vigsnaes (Norwège), 22 janvier 1872. »

1ʳᵉ GÉNÉALOGIE

Jean-Georges, Électeur de Brandebourg
(1598).

Joachim-Frédéric Électeur de Brandebourg.	Christian Margraw de Bayreuth.
Jean-Sigismond Électeur de Brandebourg.	Madeleine-Sibylle Électrice de Saxe.
Georges-Guillaume Électeur de Brandebourg.	Jean-Georges III Électeur de Saxe.
Frédéric-Guillaume Le grand électeur.	Auguste II Roi de Pologne.
Frédéric Iᵉʳ Roi de Prusse.	Maurice Maréchal, Comte de Saxe.
Frédéric-Guillaume Iᵉʳ.	Marie-Aurore.
Henri-Auguste Prince de Prusse.	Maurice-Dupin.
Frédéric-Guillaume II.	Mᵐᵉ George Sand.
Frédéric-Guillaume III.	
Guillaume Iᵉʳ.	

2ᵉ GÉNÉALOGIE

Georges, Duc de Brunswick-Calenberg.

Georges-Guillaume
Duc de Zell.

Sophie-Dorothée
Femme de Georges Iᵉʳ
d'Angleterre
(célèbre par l'aventure
de Kœnigsmark).

Dorothée-Sophie
Reine de Prusse.

Auguste
Frère du grand Frédéric.

Frédéric-Guillaume II.

Frédéric Guillaume III.

Guillaume Iᵉʳ.

Sophie-Amélie
Reine de Danemark.

Anne-Sophie
Électrice de Saxe.

Auguste II
Roi de Pologne.

Maurice
Maréchal Comte de Saxe.

Marie-Aurore.

Maurice Dupin.

Mᵐᵉ George Sand.

— Que pensez-vous de cette lettre ? me demande en riant Mᵐᵉ Sand ; me voyez-vous, morigénant l'empereur Guillaume, cet enfant insoumis de quatre-vingts ans, sous prétexte que je suis sa parente à je ne sais quel degré? Il y a vraiment en ce monde des gens animés des meilleurs sentiments qui ne réfléchissent guère. »

..... Ce soir toute la chère maisonnée de Nohant est en deuil. Mme Sand vient d'apprendre la mort d'un de ses plus vieux amis d'enfance, M. Duvernet, le beau-père de M. Girerd.

— Je n'assisterai pas à l'enterrement, me dit Mme Sand. Le jour où l'on est privé de ceux qu'on aime, les cruels soucis de la cérémonie funèbre vous empêchent de sentir toute la tristesse de la séparation. Mais quand chacun s'est en allé de son côté, — à ses affaires, — alors on se sent affreusement seul et toute la misère cruelle de l'isolement pèse sur vous. Je veux éviter cette douleur à ma vieille amie, Mme Duvernet.
— J'irai la voir le lendemain de l'enterrement.

VI

Voici l'heure de mon départ arrivée.

— Je sais que c'est votre mère, vos parents, qui vous rappellent et je n'ose pas vous retenir, mon cher enfant, me dit Mme Sand, mais maintenant que vous connaissez le chemin de Nohant, j'espère que vous ne l'oublierez pas ?...

— Puis, après une minute de réflexion : Est-ce qu'à Noël vous avez chez vous une fête de famille à laquelle vous êtes tenu d'assister ? »

Je réponds que non.

— Alors, venez-nous à Noël, mon cher petit, Noël est ici une grande fête pour nous : c'est la fête des enfants. Ce jour-là nous avons une grande représentation de marionnettes, et Maurice se distingue. Allons, vous nous viendrez ; voilà qui est entendu.

J'accepte de grand cœur.

Il est 2 heures, toute la famille est réunie au salon. On vient m'avertir que la voiture est là. Mme Sand se lève et, après m'avoir embrassé :

— Présentez mes amitiés à vos chers parents et dites-leur que j'ai été bien sensible à leur bon souvenir.

M. Maurice ajoute en me serrant la main : « Vous ne nous oublierez pas ? » Mais sa mère l'interrompt : « Il m'a promis de revenir à Noël, » lui dit-elle.

J'embrasse les fillettes, je serre la main de Mme Maurice et celle de M. Plauchut, et je m'en vais de cette chère maison tout ému de l'accueil qui m'a été fait et des souvenirs que j'emporte.

. . . .

Aussitôt de retour à Paris, j'écris à Nohant et je fais suivre ma lettre d'un envoi de « lichouineries », comme on dit là-bas, afin d'obliger mes nouveaux amis petits et grands à songer un peu à moi qui ne suis plus près d'eux.

Je reçois très peu de jours après une amusante lettre collective de M. et de Mme Maurice, de Plauchut et d'Aurore, puis la lettre suivante de Mme Sand.

       Nohant, 22 octobre 74.

Cher enfant, de quoi me remerciez-vous ? De vous avoir aimé à première vue et même auparavant d'après vos lettres ? Est-ce que ce n'est pas tout simple, puisque vous m'exprimiez une confiance sincère ? — Il est tout simple aussi que, recevant des milliers de lettres, j'aie appris à discerner le bon grain de toutes les mauvaises herbes et à ne point perdre mon temps à de stériles relations ; c'est pourquoi il m'en reste pour les bonnes. Je pourrais donc dire comme vous que je suis égoïste et que j'agis dans mon intérêt.

Croyez-bien que je ne vous ai rien donné qui ne fût déjà en vous, tout le bonheur de la chose, c'est que j'aie trouvé la forme qui fait voir clair en soi-même. Je ne suis qu'une petite lampe pour aider la marche de celui qui est déjà en route pour le pays de vérité. Dieu vous a donné aussi une bonne dose de clarté intérieure qui n'avait pas besoin de la mienne, mais vous l'aimez parce qu'elle se trouve appropriée à votre vue. En cherchant bien, nous découvririons que je ne suis qu'une paire de lunettes qui ne fera jamais voir clair aux myopes, mais qui peut conserver un peu les bons yeux.

Cher enfant, ne vous étonnez pas d'être accueilli et accepté tout de suite par les bonnes gens. Dès le premier regard, on sent en vous la bonté, la franchise et toutes les délicatesses de l'âme. Les figures ne trompent pas. Les animaux eux-mêmes ont l'instinct de rechercher ceux qui les aiment, à plus forte raison, les enfants et les personnes droites sentent à qui ils peuvent se fier. Vous nous reviendrez, n'est-ce pas? et vous ne vous étonnerez plus d'être devenu d'emblée un des nôtres, ou pour mieux dire un de nous.

Votre colossal envoi est arrivé en même temps presque que votre lettre. On l'a déjà largement fêté à déjeuner tout en parlant de vous. J'ai hâte de vous dire que nos fillettes sont peu gourmandes et que leur gratitude ne part pas de l'estomac.

Je n'en dirai pas autant du sensualiste Plauchut; pourtant il a une espèce de cœur qui n'est pas à mépriser. On a résolu de vous écrire une lettre collective pour vous remercier, et mes enfants n'ont pas attendu vos largesses pour vous aimer.

Je pense que ma lettre vous trouvera encore à Paris. Donnez-moi de vos nouvelles et revenez-nous à Noël. Nous comptons bien sur vous.

G. SAND.

Quelques jours après, je recevais les lignes suivantes :

M. Accolas, rue Monsieur-le-Prince, n° 25.

On me charge de vous recommander ce professeur de droit comme un homme de grand savoir et de grand

Les bords de l'Indre.

talent, rendant intéressantes les matières les plus arides et possédant au plus haut point la philosophie de la science.

La personne qui me le recommande est un garçon des plus intelligents, fils d'un de mes meilleurs amis. Il s'appelle Antoine Ludre (vous l'avez vu chez nous), il demeure rue Gay-Lussac, n° 6, et se met à votre disposition pour vous mettre en relations avec le dit professeur.

J'ai cru devoir vous transmettre cet avis.

Bonsoir, cher enfant. La famille vous a écrit en chœur hier soir, moi je vous embrasse.

G. Sand.

Je vais chez Antoine Ludre. Il me présente au professeur Emile Accolas.

C'est un tout petit homme. Il est vêtu d'une houppelande de femme assez vilaine recouverte d'une étoffe d'un jaune sale. Sa tête très fine est encadrée de favoris gris. Son nez long est de forme un peu courbe. Ses yeux noirs brillent d'un feu vif. Ses lèvres assez minces donnent à sa physionomie un aspect un peu dur et rusé. Il semble avoir en lui quelque chose du renard. Sa voix pourtant est chaude et sa parole facile. Les mots lui viennent avec une abondance extrême. Il prend feu pour une idée avec tout l'enthousiasme que devraient avoir les jeunes hommes, et il discute avec une abondance de déductions et une puissance de logique qui me déconcerte, alors même que je ne partage point ses idées.

M. Accolas est un homme d'une intelligence remarquable. Est-ce à cause de cela qu'il a pour l'étude du code civil un mépris profond ? — Ce n'est certainement pas lui qui me donnera l'amour de la science juridique. Ce qui m'intéresse et me passionne quand nous travaillons ensemble, ce sont les questions à côté.

Aujourd'hui nous nous sommes carrément disputés tous les deux. Sous prétexte que, sous la Commune, M. Accolas a été directeur de l'Ecole de droit, le voici qui défend l'insurrection du 18 Mars et la déclare légitime. Je ne puis entendre soutenir cette idée sans protester.

— Une minorité factieuse n'a jamais le droit de violenter tout un pays.

— Si, quand elle porte en elle la vérité.

— Qui peut répondre de cela ?
— La conscience.
— Mais c'est absoudre les coups d'Etat !...
— Le droit des révolutions est un droit sacré.
— Je ne le crois pas.
— Vous avez tort. Consultez Mme Sand : vous verrez ce qu'elle vous répondra là-dessus.
— Je lui écrirai dès ce soir.
. .... Et la discussion est close. Voici la réponse de G. Sand :

C'est la conscience de chacun qui peut répondre à cette question générale. Dire que les révolutions sont de droit sacré, c'est un axiome politique qui n'est vrai que relativement, car tous les partis peuvent l'invoquer à leur point de vue, et, dès lors, ceux qui veulent nous rejeter dans la nuit du passé auraient donc autant de droit que nous qui voudrions en sortir ? — La question ainsi posée est trop complexe pour moi et ne me paraît comporter qu'une réponse relative.

Je n'entends rien au droit purement politique, mais je sens bien la force du droit humain, c'est celui-là qui est inaliénable et sacré. Mais, avant de le proclamer, sachons ce que c'est que le droit humain ; quel est le vrai, le divin, le respectable. Ici, je vous interrogerais, je vous demanderais comment vous l'entendez et si vous jugez le droit corrélatif au devoir ! — Si votre réponse satisfaisait pleinement ma conscience, ma conscience vous dirait : « Allez, faites cette révolution ! Elle est de droit sacré, puisqu'elle tend à élever l'être humain au niveau qu'il peut atteindre. » Mais si c'est une simple consigne politique, une campagne entreprise par telles ou telles personnes pour l'établissement d'un ordre de choses non défini qui satisfera leurs appétits de domination ou de jouissance matérielle, je vous dirai ; « N'y allez pas ! »

On ne peut vraiment pas dire qu'aucun des actes politiques qui se sont produits depuis la chute de l'Empire soit une révolution. Les faits étaient trop influencés par la guerre avec l'étranger, pour que la conscience générale sût bien ce qu'elle voulait et ce qu'elle pouvait. Moi, j'avoue ne pas voir clair dans cette tourmente. Je ne puis qu'approuver ou blâmer certains faits pris en eux-mêmes. L'ensemble m'apparaît comme un accès de fièvre terrible qui innocente jusqu'à un certain point tout le monde.

Là je ne vois même plus de parti ni d'école proprement dits. Je vois une angoisse où chacun va de l'avant pour son compte, sans savoir ce qu'il fait et sans se soucier, ni du droit politique, ni du droit civil, ni, hélas! du droit humain. Est-ce dans le délire qu'on peut se poser des questions si graves?

A présent, si nous pouvons raisonner de sang-froid, occupons-nous, avant tout, de nous poser en nous-mêmes la question du droit humain : toutes les autres y viendront d'elles-mêmes. Eh bien! nous parlerons de cela à Nohant où vous viendrez à confesse, la veille de Noël. Nos enfants comptent bien s'amuser et nous les y aiderons, mais il y a temps pour tout, et quand vous m'aurez dit les droits et les devoirs de l'homme (rien que ça), je vous dirai ce que je ferais à votre place, si j'étais vous. Je ne suis pas un juge, moi, je ne suis qu'un ami. Je ne sais rien de rien, qu'aimer et croire à un idéal. Sur ce, venez bientôt : on vous aime ici.

G. SAND.

17 octobre 74.

Cher enfant, Aurore, Titite et moi vous remercions de votre joli livre, mais si vous payez pour nous, nous n'oserons plus rien vous demander. — Et puis quand vous prenez quelque chose chez Hetzel, il faut dire que c'est pour moi et on ne vous laissera pas payer. — J'espère qu'Accolas vous instruira sans vous ennuyer dans l'aride chemin que vous avez à parcourir. Je le connais très peu, bien qu'il soit de La Châtre et fils d'un ami à moi, mais on m'a tellement vanté son intelligence et sa méthode que j'ai cru devoir vous l'indiquer. S'il vous semblait qu'on s'est trompé sur son compte, ne vous gênez pas pour en choisir un autre.

Croyez, cher enfant, à toutes nos bonnes sympathies et amitiés. On se fait une joie de vous revoir ici.

A vous de cœur.

G. SAND.

Nohant, 6 novembre 74.

— Nous voici à la mi-décembre. Je compte

les jours qui me séparent de Noël. Ce matin, je reçois la lettre que voici :

Cher enfant, nous comptons toujours sur vous pour les fêtes de Noël. Il faut que vous veniez dimanche. Aurore vous réclame pour partager sa joie, car dimanche il y a une représentation SPLENDIDE. *Vous resterez avec nous pour le réveillon de Noël. Si vous avez coutume de passer le jour de l'an en famille, on vous laissera aller, sinon on vous gardera le plus possible. Dites oui, et tâchez de venir dimanche matin, car dimanche soir, on commencera la pièce de bonne heure en raison du coucher de ces demoiselles. Vous viendriez déjeuner, vous dormiriez un peu le jour, et vous seriez frais et reposé pour la féerie. Nous nous faisons une joie, tous, de vous voir être de la maison, c'est-à-dire de la famille, et, si vos parents approuvent, rendez-nous contents : Arrivez !*

A vous de cœur.

G. SAND.

Nohant, 16 décembre 1874.

VIII

Me voici de nouveau en route pour Nohant.

Je revois la route qui m'est connue avec une joie profonde. Je me prends à sourire à tous les paysages déjà vus, comme à d'anciens amis. Sur ma demande, dès notre sortie de Châteauroux, le cocher accélère, autant que la neige le lui permet, l'allure de son brave petit cheval blanc.

Voici les forges d'Ardentes. Ces noires maisons fumeuses, éclairées par des flammes rougeâtres, font une tache sombre sur le ciel gris et la terre toute blanche. Puis, viennent des plaines désertes toutes couvertes d'ajoncs sauvages poudrés de blanc par l'hiver. Enfin, la fertile vallée noire apparaît tout à coup. C'est un panorama d'aspect coquettement grandiose : c'est plaisant et aimable à l'œil. Je sais de plus que Nohant n'est pas loin de là.

..... Je suis reçu comme un ami déjà ancien, et je me sens tout attendri de cet accueil si plein de cordialité et de franchise.

Ce soir, je me retrouve assis à la table du salon de Nohant. Aucun changement n'est survenu depuis ma première visite ; tout est à la même place et les visages amis qui m'entourent sont les mêmes. Avec un peu de bonne volonté ou d'imagination je pourrais me figurer que je ne suis point parti.

Il est dix heures ; chacun monte se coucher et je reste près de Mme Sand. Ce soir elle habille une des marionnettes qui doit jouer dans la féerie prochaine ; elle lui confectionne un costume de Cupidon, s'il vous plaît.

— Parlons un peu d'Accolas, me dit-elle sans cesser de travailler ; la lettre que vous m'avez écrite, mon cher enfant, m'a, je vous l'avoue embarrassée, et la réponse que je vous ai faite n'a pas dû vous sembler très claire. A dire vrai, ce n'était qu'un faux-fuyant. Connaissant les folles idées politiques de votre professeur, je ne voulais rien vous écrire de plus. — *Le droit sacré des révolutions !* C'est là une affirmation bien déclamatoire et bien creuse, et d'autant plus fréquemment employée qu'elle est plus déclamatoire et plus creuse... tous les hommes n'entendent pas, hélas ! de même manière la justice et la vérité. Si chacun se laissait guider par sa seule inspiration, en toute sincérité je vous avoue que je ne sais point où l'on irait.

Quant à la Commune, ce n'est pas, selon moi, une révolution, mais bel et bien un crime qui relève du droit commun. — Pensant, cela je ne pouvais pas aisément m'expliquer devant ce malheureux Accolas qui, par ambition, égarement ou imbécillité, s'est laissé aller à prêter son aide à cette insurrection criminelle. Tout le mal que je vous en aurais dit, il l'aurait pris pour lui. Mon jugement lui eût semblé une injure personnelle ; j'ai voulu éviter cela, me réservant le soin de vous dire ma pensée.

Mme Sand a fini de coudre les ailes de l'Amour. A présent elle transforme de simples jockeys en chevaliers du moyen âge. Ce n'est point là une petite affaire ! Mais ce ne sera pas long ; c'est un jeu pour ses doigts de fée. Ses petites mains se meuvent avec une agilité et une adresse incroyables. Tout en causant, l'auteur de *Mauprat* me conte les ennuis que lui ont causés les gens qui se sont crus peints par elle dans ses romans.

— Un jour, me dit-elle, j'ai reçu la visite d'une sorte de femme de chambre très vieille et très laide, ma foi! qui m'a reproché d'avoir dévoilé dans *Lélia* le fond de ses pensées secrètes. — Vraiment, je ne connais rien de plus sot que ces gens qui veulent à toute force se reconnaître dans des êtres fictifs. Le roman, le théâtre, tout ce qui touche à l'imagination est si loin de la réalité! La vraisemblance elle-même est si loin de la vérité! — On oublie trop cela. La vérité n'est pas artistique. La vraisemblance, au contraire, c'est l'art tout entier. Vouloir reproduire le caractère d'un homme ou d'une femme que vous avez connu sans y apporter aucun changement, aucune modification, cela est impossible. Les faits eux-mêmes ne doivent pas être pris toujours tels qu'ils se présentent.

C'est Boileau qui l'a dit, et il avait raison. La vérité paraît si souvent un mensonge. Il faut que les sentiments exprimés soient compris, acceptés par la moyenne des hommes.

Et s'arrêtant : « Si je vous disais, mon cher enfant, que l'impératrice Eugénie a cru se reconnaître dans un des personnages de *Malgré tout*,

une aventurière espagnole en quête d'un mari ?
— C'est à ne pas croire, et, pourtant, c'est comme ça. — Je ne prétends pas qu'entre mon héroïne et la femme de Napoléon III il n'y avait pas quelque ressemblance. Mais ce n'était nullement cherché, je vous assure. Cela n'empêcha point l'impératrice de se plaindre de moi à Flaubert. Elle était persuadée que je lui en voulais, et elle m'accusa d'ingratitude parce qu'elle m'avait fait offrir la décoration de la Légion d'honneur, — décoration que j'ai d'ailleurs refusée. »

IX

...... Le lendemain soir grande solennité. Représentation de la féerie et dîner préparatoire.
— Mme Maurice descend au salon avec une coiffure superbe. Elle s'est fait un bonnet pointu à l'instar des coiffes d'Isabeau de Bavière avec une étoffe romaine superbe de tissu. Aurore et Gabrielle sont en grande toilette. Aurore en bleu

et Gabrielle en rose. J'apprends que ce sont les couleurs préférées de ces demoiselles.

Au dessert, les bouchons de champagne sautent au plafond. On apporte un grand saladier de neige. Mme Sand en emplit tous les verres. — La neige mêlée au champagne forme une sorte de granit délicieux. —

On passe au salon. Pour la première fois, je vois Mme Sand ne faisant rien. Assise dans une fort jolie bergère Louis XVI, placée près de la cheminée, elle fume et s'écrie en riant :

— Je suis grise !

A quoi Aurore, effarouchée, répond avec son rire d'oiseau : « Pas possible, bonne mère ! »

Une minute après, Mme Sand se lève et va s'asseoir au piano.

Elle joue tour à tour beaucoup de jolis airs berrichons ou bretons. Ce sont des bourrées au rythme amusant, ou bien de naïves chansons un peu douces et tristes. Voici la chanson de la mariée [1].

---

[1] Monsieur Ed. Lalo devait s'inspirer plus tard de la musique de cette ronde pour faire le chant de mariage du *Roi d'Ys*.

> Nous sommes venus vous voir,
> Du fond de not' village
> Pour souhaiter ce soir
> Un heureux mariage
> A Monsieur votre époux
> Aussi bien comme à vous, etc... etc...

A présent c'est le chant des porchers ou des pastours. J'éprouve en entendant cette musique ainsi interprétée un plaisir inconnu. Ces mélodies ont je ne sais quel air, non pas vieux mais enfant, qui me plaît infiniment. Avec leurs changements continus du mode majeur au mode mineur, elles semblent passer du rire aux larmes.

Mme Sand s'aperçoit du plaisir que je prends à l'entendre. Maintenant elle joue une mazurka posthume de Chopin, puis elle s'arrête, et nous parlons musique.

G. Sand a pour le *Don Juan* de Mozart une admiration sans égale. Comme j'ose formuler certaines critiques sur le rôle de dona Elvire et la façon dont il est traité : « Ah ! si j'avais encore mes doigts, s'écrie-t-elle, je me chargerais bien de vous faire aimer tout *Don Juan.* »

La sonnette du théâtre retentit. Chacun se

lève et se dirige vers la demeure de Balandard.

Impossible de raconter le *Vase de bronze*. — C'est pourtant une désopilante féerie, dans laquelle Babazoun, protégé par la fée Paribanou, recherche la princesse Bradoulpoudour, fille du *canif* de Bagdad, qu'un mauvais génie, Chaïrbar, a fait disparaître. Inutile d'ajouter, n'est-ce pas, que Babazoun finit par retrouver la princesse, mais après combien de péripéties !...

.... De retour au salon, Mme Sand me dit en souriant : « Ne trouvez-vous pas que c'est une folle maison que la nôtre ? »

Et comme je me récrie : « Il faut que vous sachiez que les représentations de marionnettes auxquelles vous assistez sont assez rares, — trop rares même à mon gré, car j'y prends un très grand plaisir, — mais durant la plus grande partie de l'année, Maurice travaille soit la géologie, soit l'entomologie, et je ne l'aperçois guère qu'aux heures des repas, et encore, il y a des jours où c'est à peine s'il parle : son esprit n'est plus avec nous. Puis, tout d'un coup, la folie revient ; la verve et le rire la suivent et notre Balandard se remet à travailler pour le plaisir de tous. »

24 décembre 74.

Le réveillon a lieu ce soir.

Tourgueneff devait venir : la goutte l'en empêche. Les Viardot aussi sont retenus à Paris.

M. et Mme Boutet sont arrivés avec leur fille et leur fils (dix-huit et quinze ans). Voilà notre cercle agrandi. L'intimité se trouve du même coup diminuée d'autant et, dans mon coin, en égoïste, je le regrette. —

Je le regrette d'autant plus que, depuis que nous sommes aussi nombreux, Mme Sand ne parle plus que très peu ; elle se contente d'écouter. J'ai du reste déjà remarqué qu'elle ne cause volontiers que lorsqu'on est seul avec elle. — Ce qu'elle dit, elle le dit pour vous et non pour le voisin — aussi la présence du voisin la gêne et devant lui, elle se tait.

... La distribution des cadeaux s'est faite hier par l'entremise des marionnettes, le *canif* de Bagdad, les esclaves verts et Balandard lui-même ont fait office de commissionnaires. Mme Sand m'a donné un encrier et deux petits chinois : « Cela ne vaut pas grand'chose, mon cher enfant, m'a-t-elle dit en souriant ; c'est à notre pauvre vieille ville de La Châtre qu'il faut vous en prendre. »

Un excellent souper a suivi la juste répartition des cadeaux. Il était trois heures du matin quand nous nous sommes séparés. Mme Sand voulait absolument faire danser M. Planchut qu'elle prétendait, — à tort, — un brin pochard.

. . . .

Je quitte Nohant pour la seconde fois. J'éprouve à partir plus de peine que jamais, et j'ai la joie de sentir que mon départ est regretté par mes nouveaux amis.

X

Nohant 10 janvier 75, 6 heures du soir.

Cher enfant, nous étions un peu inquiets de vous ne recevant pas avis de votre arrivée à bon port. Nous avions la crainte que quelqu'un ne fut malade chez vous. Dieu merci, il n'en est rien et vous avez pu donner à la chère petite sœur un beau jour de l'an. — De son côté Aurore est splendide de santé et aujourd'hui est un jour d'ivresse. D'abord nos cadeaux de fête, parmi lesquels les vôtres brillent au premier rang, et puis des huîtres à déjeuner, et puis on est venu la chercher pour être marraine d'un enfant du village et, bien qu'elle soit protestante, le curé a consenti à ce qu'un tiers répondit pour elle qu'elle renonçait aux pompes de Satan. — Or, comme elle ne sait pas ce que c'est, elle dit que c'est très bête de maudire les pompiers qui sont des gens utiles : que le curé serait bien content des pompes, si le feu prenait chez lui. Elle n'en est pas moins ravie d'avoir un baby à adopter, car elle et sa sœur sont maternelles avant tout. On a fait grande toilette et on est parti pour Vic avec le poupon et Planchut qui se promet de faire des largesses de bonbons au nom de la marraine.

— Balandard vous remercie et vous serre les mains. Il donne ce soir une représentation et votre envoi est le bienvenu car on manquait surtout de fleurs et de feuillages. Il a joué déjà deux fois, depuis votre départ. Il a eu de grands succès et il vous a vivement regretté.

Et, à présent quand vous reverrons-nous, cher

enfant ? — On était triste de vous voir partir sans avoir constaté avec nous la possibilité de vous revoir prochainement. Il y a bien ma fête le 5 juillet, mais c'est bien loin. Arrangez-vous donc pour nous revenir au printemps, dans un moment de vacances, et même avant, si vous en avez. Savez-vous le moyen de nous prouver que vous répondez véritablement à notre amitié ? — C'est de nous écrire, quand et chaque fois que la chose vous est possible : « J'arrive : j'ai quelques jours de liberté, je vais les passer avec vous. » — Nous, nous ne pouvons pas savoir quand vous viennent ces heures de répit à l'étude ou aux devoirs de famille et, si nous ne comptions que vous nous les donnerez, nous perdrions le plaisir et l'occasion de vous appeler.

Est-ce convenu et le promettez-vous ? Il le faut. Je vais me remettre à mon labeur interrompu depuis un mois, mais vous savez que jamais ceux que j'aime ne me dérangent. J'ai toujours toutes mes soirées pour être gaie et heureuse au milieu d'eux. Même je trouve qu'on travaille mieux quand on jouit de ce bonheur de famille et il est décidé que vous êtes de la nôtre en même temps que de la vôtre, que nous savons exquise et à laquelle nous ne voulons certes pas faire de tort. Nous croyons que plus on aime plus on a de forces pour aimer.

Nous vous embrassons tous, y compris l'excellent Planchut et nous remercions vos bons parents de leur bienveillant souvenir.

GEORGE SAND.

Aurore m'empêche d'envoyer ma lettre. Elle veut vous écrire demain. Elle rentre de son baptême et de sa promenade.

Nohant, mars 1875.

Cher enfant, vous nous gâtez trop. C'est une fête de voir des fraises et des melons quand il gèle encore dans nos jardins. Tout le monde vous remercie ; on est surtout touché de vos bons souvenirs et de votre amitié si délicate et pleine de soins charmants. Ces demoiselles s'y habitueront trop. Vous achevez de les rendre si heureuses que je ne sais comment elles prendront l'avenir. Quant à présent elles sont bonnes et trouvent tout naturel qu'on soit bon pour elles. Hélas oui, ce serait naturel, mais la société est souvent le contraire de ce qui doit être et la bonté, l'amitié, la vérité sont exceptionnelles. Je dis quelquefois à Aurore que tout le monde n'est pas tendre

*et aimant comme les amis qui l'entourent. Elle me
répond philosophiquement qu'en ce cas il faut profiter
de ceux qu'on a pour les aimer beaucoup. Nous travaillons toujours et elle m'a déclaré l'autre jour
qu'elle ne voulait plus de ces mauvaises traductions
de l'*Iliade *et qu'elle voulait lire dans celle de Leconte
de Lisle qui était* plus grecque *et plus belle. Je suis
de son avis ; mais j'admire son instinct. On dirait
qu'elle devine le grec et la Grèce. Elle vous écrit toute
seule aujourd'hui vous verriez qu'elle a un souverain mépris pour la ponctuation.*

*Notre Planchut nous a quittés après une très jolie
pièce de Balandard où nous vous avons regretté. C'est
toujours de mieux en mieux.*

*Quand donc vous aura-t-on ? — C'est bien loin
le mois de juillet. Ecrivez-moi si le sacrifice que
vous faites à votre ami spleenétique tout en vous
troublant beaucoup lui profite un peu. Suivez votre
bon et grand cœur et pourtant faites intervenir la
raison quand il risque de vous mener trop loin ; non
pas la raison égoïste et lâche mais celle qui est
l'équité et qui veut que chacun s'aide soi-même sans
sacrifier les autres.*

Je ne me porte pas mal. Le bras revient à la vie

bien lentement. Il ne m'empêche plus d'écrire, c'est l'essentiel. J'ai commencé une nouvelle. Si je suis tout à fait guérie au commencement de juin j'irai à Paris. Y serez-vous ? — Je l'espère. Toute la famille dont vous êtes à présent vous embrasse.

GEORGE SAND.

1 mai 75.

Cher enfant, depuis bien des jours je veux vous écrire mais j'ai toujours eu des visites ou du travail pressant. Depuis que j'ai fini Flamarande, j'ai fait Marianne, une nouvelle assez étendue, — deux articles et la préface de l'édition générale de mes ouvrages que Lévy met sous presse et que je vous ferai envoyer, ne l'achetez donc pas. Vous voyez que je ne chôme pas malgré mon bras droit encore un peu ankylosé, mais qui se détend peu à peu. Je crois que le travail est le seul, le vrai, le grand remède à tous les maux, à tous les maux et même au maître mal qui est la vieillesse, aussi, je le conseillerai toujours à ceux que j'aime. Il n'est pas vrai que le travail fatigue, il ranime, au contraire, et l'habitude qu'on en prend arrive à étendre, à décupler les forces.

Pourvu que cet ami déraisonnable que vous avez, ne vous fasse pas perdre le temps si précieux à votre âge! — Je m'en préoccupe, vous voyez. Il ne fait pas bon vivre trop avec ces natures dévoyées qui sont surtout paradoxales et qui dégagent quelque chose de malsain pour qui les sent de trop près. N'allez pas être victime d'un dévouement qui vous nuirait sans lui profiter.

Le printemps éclate magnifique en dépit de la sécheresse. C'est à présent que je voudrais vous montrer Nohant exubérant de fleurs à moitié cultivées qui croissent dans tous les coins et que je fais respecter.

Les enfants sont ivres de promenade et de beau temps. On parle de vous sans cesse et on demande quand vous reviendrez? — Elles s'arrangeraient très bien de vous voir toujours ici, et nous donc!

Ecrivez-nous toujours et dites-moi si le travail marche bien. Le droit et la littérature peuvent aller de compagnie quand on ne veut pas trop flâner. Nous avons eu un bon photographe pendant deux jours. On vous enverra tout Nohant en pourtraicture, sitôt qu'on aura des épreuves. On vous embrasse en masse et on vous aime réellement et tendrement.

GEORGE SAND.

Je crois plus sûr de vous envoyer un mot pour Lévy, afin que vous puissiez prendre mes volumes chez lui. C'est une boutique si affairée, qu'on pourrait ne pas se souvenir régulièrement d'une recommandation de l'auteur.

J'ai droit à 12 exemplaires de chaque édition. Le petit mandat que je vous envoie ne souffre donc aucune difficulté.

Nohant, mai 1875.

La mort subite de M. Michel Lévy arrêta ce projet en préparation, et l'édition promise en mai 1875 n'a point encore paru en janvier 1892.

Nohant, mercredi 26 mai 1875.

Cher enfant, êtes-vous à Paris? — Nous y serons dimanche soir. Pouvez-vous venir lundi chez nous à 5 heures et demie? — Nous vous garderons pour dîner chez Magny à 6 heures, car nous sommes des campagnards, et ni Lolo (Aurore), ni moi ne pouvons attendre 7 heures.

Donc, à lundi, si vous pouvez, et si vous ne pouvez pas, à mardi.

Nous courons toutes les matinées.

On vous embrasse et on se réjouit de vous voir.

G. SAND.

Nous demeurons toujours 5, rue Gay-Lussac.

XI

Le lundi, à 5 heures et demie, j'arrive rue Gay-Lussac.

Mme Sand occupe là un gentil rez-de-chaussée composé d'une antichambre, d'un salon dont les fenêtres donnent sur les jardins du Luxembourg, d'une salle à manger et de deux chambres à coucher. L'ameublement sans être élégant est confortable.

En entrant dans cet intérieur, je me sens un peu dépaysé. Je me demande comment je vais retrouver Mme Sand, si elle ne me semblera point autre à Paris qu'à Nohant. Je sais que

Mme Maurice et Aurore seules l'ont accompagnée. M. Maurice et la mignonne Gabrielle sont restés là-bas avec Fadet, le vieux chien blanc de la maison, et la jeune Lisette, une chienne également blanche qui semble avoir été créée et mise au monde pour égayer les somnolences mélancoliques du patriarche Fadet.

Mme Sand se porte bien : elle a l'air tout heureux. Le voyage ne l'a point du tout fatiguée. Quant à changer d'attitude ou de façon d'être, elle n'y songe guère.

Aurore est superbe de gaieté et de santé. Sa précoce beauté fait l'admiration de tous. Mme Maurice est toujours la même, c'est-à-dire charmante.

Nous semblons vraiment aussi heureux de nous revoir les uns que les autres : c'est là un plaisir très doux et bien rare.

Nous montons en voiture et nous nous rendons chez Magny, au coin de la rue Contre-Escarpe-Dauphine. Le père Magny est tout heureux en voyant Mme Sand : sa figure rayonne de joie. Et les garçons !... il faut les voir s'agiter !...

— Bonjour, Charles, dit Mme Sand à l'un deux, vous vous portez toujours bien ?

— Toujours, madame Sand.

— Toujours content ?

— Toujours, madame Sand.

— Toujours joli garçon ?

— Toujours, madame Sand.

— Et toujours spirituel ?

— Toujours, madame Sand.

— Allons, tant mieux. — Et tout en s'asseyant, elle me dit en riant à l'oreille : « Le pauvre garçon, je lui fais dire tout ce que je veux. Un jour au lieu de lui demander s'il était « toujours spirituel », « toujours aussi bête ? » lui ai-je dit. Il m'a répondu imperturbablement en gardant sur les lèvres son sourire stéréotypé : « Toujours, madame Sand. »

Nous mangeons vite et bien. Je ne puis m'empêcher de remarquer que le service est très rapidement fait : « C'est pour être servies de cette façon que nous venons ici chaque jour, mon enfant ; nous avons l'horreur, Lina et moi, d'attendre une heure entre chaque plat, sans compter que c'est très mauvais pour l'estomac.

Et puis, quand nous venons à Paris nous n'avons pas de temps à perdre, nous avons tant à faire !... D'abord nos amis à voir, puis les emplettes, les commissions, les visites forcées, et enfin, — la vraie raison de mon voyage, — une revue hâtive de tout ce qui se fait, de tout ce qui paraît dans le monde des lettres et des arts. Quand on écrit, il ne faut rien négliger ; c'est le meilleur moyen que nous ayons de renouveler nos idées : aussi, nous allons au théâtre presque tous les soirs. Aujourd'hui, nous irons à l'Odéon avec Aurore. Si vous le voulez, vous viendrez avec nous. Duquesnel m'a donné sa loge : c'est une avant-scène de rez-de-chaussée. On donne : *La Demoiselle à marier* et *Geneviève, ou la Jalousie paternelle*, deux pièces de Scribe. Nous y allons pour voir une jeune artiste qu'on dit charmante : c'est Mlle Blanche Barretta. »

Comme j'ai eu la joie d'applaudir au Vaudeville Mlle Barretta tout à fait adorable dans *Diana*, une pièce de Théodore Barrière, je le dis à Mme Sand.

« Tant mieux, me répond-elle, si elle est aussi charmante que vous le dites. M. Perrin m'a demandé de reprendre à la Comédie-Française *le Marquis de Villemer* et *le Mariage de Victorine*. Il a l'intention de jouer cette dernière pièce après *le Philosophe sans le savoir*, de Sedaine, dont ma comédie n'est, somme toute, que la suite. Si Mlle Barreta est la femme du rôle, je prierai M. Perrin de l'engager.

...... Nous entrons à l'Odéon par l'entrée des artistes. Jamais je n'ai vu les coulisses d'un théâtre, et cela me semble très drôle, — pas beau par exemple. Je me sens un brin désillusionné en touchant de près tous ces oirpeaux qui, de loin, m'ont toujours semblé si séduisants. L'étroit couloir qui conduit à l'escalier par lequel on descend en scène ne me paraît pas fait pour livrer passage à des princesses, — voire même à des rois de tragédie. Et l'envers des décors tout bariolé d'affiches, — quelle mascarade !

Au moment où nous passons devant la loge d'Emile le concierge ou plus exactement, — l'introducteur de l'Odéon, — Mme Sand rencontre le père Fréville auquel elle dit bonsoir. Le brave artiste semble tout heureux.

« C'est un homme qui ne manque ni de jugement, ni de droiture, me dit G. Sand. Au moment des répétitions de *Mauprat*, il m'a rendu un véritable service, parce qu'il a osé me répéter tout haut ce qu'on chuchotait derrière moi. Mon deuxième tableau ne marchait pas, et j'attribuais cela au peu d'entrain que mes interprètes mettaient à le répéter : « S'il ne marche pas aussi « bien que les autres, hasarda timidement Fréville, « c'est peut-être aussi qu'il est moins bon. » Je le regardai, l'air un peu surpris, et je rentrai chez moi sans lui répondre. — Fréville avait raison, mon cher enfant. Le lendemain, je rapportai le tableau entièrement refait et tout le monde fut content. »

... J'ai su depuis que le pauvre Fréville, ce brave et honnête homme qui, jusqu'à son dernier jour, remplit si dignement son métier de comédien, ne pouvait point parler ou même entendre parler de Mme Sand sans avoir des larmes plein les yeux...

La représentation à laquelle nous assistons a commencé par *le Jeu de l'amour et du hasard*. Nous arrivons pour en entendre la fin ; puis, viennent les actes de Scribe. Mlle Barretta est

Maison de Nohant.

exquise : elle fait la conquête de ces dames aussi bien que de nous tous.

Après le théâtre : « Voulez-vous venir me prendre demain à 2 heures, me dit Mme Sand, nous irons ensemble à l'Ecole des Beaux-Arts voir l'exposition générale des œuvres de Corot, cela vous va-t-il ? »

... J'accepte avec joie, et nous nous séparons.

XII

Mme Sand m'exprime le désir de voir ma mère. Malheureusement, ma mère souffre en ce moment d'une maladie absurde : *La fièvre des foins*. Ce mal très douloureux consiste en une suite continue de crises d'éternuements et d'étouffements. J'explique à Mme Sand que ma mère est installée aux Bouleaux, près de Chantilly, et tout à fait incapable de faire le voyage de Paris.

— Qu'à cela ne tienne, j'irai la voir, mon enfant.

— Vous êtes vraiment trop bonne, madame; mon beau-père, M. Borget, viendra vous voir et vous remercier lui-même, et vous vous entendrez ensemble là-dessus.

— Vous l'aimez, votre beau-père ?

— Oh ! oui. Je ne l'appelle jamais autrement que père. Si j'ai pour lui une tendresse toute filiale, c'est qu'il a su nous tenir lieu du père que nous avons perdu. Si j'aime la musique, les arts, c'est à vous et à lui que je le dois. Il m'a appris à regarder et à me passionner pour tout ce qui est beau. Vous avez achevé son œuvre.

..... Nous arrivons devant la porte de l'Ecole des Beaux-Arts. Mme Sand me met de force son porte-monnaie dans la main pour payer la voiture.

— Mais, madame...

— Payez pour moi, vous m'obligerez.

— Cependant...

— Si vous ne voulez pas que ce soit ainsi, je ne sortirai plus avec vous.

Comment résister ?...

Nous entrons dans l'exposition, installée dans la grande salle du bas.

Que de merveilles ! quelle science voilée d'apparente naïveté !... Quelle profondeur d'impressions !... Que de poésie dans la vérité !

— Ah ! que Corot a été un homme heureux, s'écrie Mme Sand. Sentir le charme de la nature avec une pareille intensité et pouvoir exprimer clairement, aux yeux de tous, son sentiment et sa sensation, sans lui rien enlever de sa vaporeuse délicatesse, de son air vague de rêve, c'est là une joie qui me paraît incomparable. Moi, je ne sais vraiment pas ce que j'aurais donné pour être douée d'un génie pareil.

Comme je me permets d'interrompre G. Sand en lui faisant observer qu'elle n'est point si mal partagée, que n'ayant pas le pinceau elle a la plume et qu'il ne lui appartient pas trop de se plaindre, elle m'interrompt.

— Ne parlons pas de moi, mon enfant. Quand je me trouve en face de semblables chefs-d'œuvre, je pense que rien de ce que j'ai fait ne compte. Entre ce que j'écris et le but vers lequel tendent mon esprit et ma volonté, il y a si loin ! Tandis que Corot, regardez donc !... Il a l'air d'exécuter tout ce qu'il veut, tous les paysages, tous les effets qui lui plaisent et, avec quelques touches de son pinceau, il sait vous rendre comme en se jouant la grâce pénétrante de leur forme colorée.

Je l'adore, moi, ce grand maître amoureux des matins printaniers. Vous savez comment il comprenait la journée du paysagiste ? « Le matin, disait-il, c'est l'heure du travail ; il semble alors qu'il n'y ait rien dans la nature, et tout y est. A midi, vous sortez. Tout y est ; il n'y a plus rien. »

Nous demeurons longtemps. Nous avons grand'peine à nous arracher à notre contemplation.

— Je resterais là volontiers jusqu'à demain, sans me lasser, me dit Mme Sand, c'est si beau ! et puis on apprend tant de choses en regardant !...

Nous voici de nouveau en voiture.

— Voulez-vous que nous allions à l'Odéon ? Il paraît qu'on a installé mon buste au foyer : c'est une terre cuite de Carrier-Belleuse. Je n'ai pas voulu aller le voir hier parce que j'avais peur d'être reconnue. J'ai l'horreur de parader devant un public qui sait qui je suis.

Tout en allant au second théâtre français, Mme Sand me conte ce qui lui est arrivé le soir de la première du *Marquis de Villemer*.

— La pièce fut représentée, me dit-elle, quelques mois après la publication de Mlle *La Quintinie*. Ce roman avait fait grand bruit dans le monde catholique. Certains spectateurs s'étaient figuré qu'ils trouveraient dans le *Marquis de Villemer* quelques tirades incendiaires, et ils étaient venus pour protester. J'avais été prévenue de leur présence. D'ailleurs, avant le lever du rideau, on sentait de la houle dans la salle. Moi, dans mon coin j'étais bien tranquille. Comme le *Marquis de Villemer* n'a aucune tendance philosophique, j'étais convaincue d'avance que les amateurs de tapage seraient bien obligés de mettre leurs sifflets dans leur poche. C'est ce qui arriva. Seulement, ce que je n'avais pas prévu, c'est que du silence ils passèrent aux applaudissements et des applaudissements à l'enthousiasme. Vous n'avez pas idée d'un pareil succès, mon cher enfant. On voulait me traîner sur la scène, me porter en triomphe, que sais-je!

Il va sans dire que je me suis dérobée de mon mieux à toutes ces manifestations admiratives, mais gênantes. Je ne sais vraiment pas comment j'ai pu sortir du théâtre et rentrer à la maison sans encombre. Ce qui m'a bien amusée, c'est qu'on a pris une pauvre dame pour moi. La malheureuse femme s'en défendait, elle protestait de son mieux, mais sans succès, on ne voulait pas la croire, et on la suivait, et on l'acclamait. J'ai vu cela de ma fenêtre et j'en ai bien ri, seulement, il m'a fallu rentrer bien vite. Les étudiants savaient où je demeurais, et ils sont venus crier longuement sous mes croisées : « Vive George Sand !... Vive George Sand !... »

Nous montons l'escalier de l'Odéon et, après être passés devant l'admirable portrait de Geffroy en Don Salluste peint par Carolus Duran, nous entrons dans le foyer où se trouve le buste de Mme Sand, par Carrier-Belleuse.

Je le regarde et je suis navré. C'est horrible, absolument horrible ; aucun caractère, aucune grandeur, quelque chose de désagréablement prétentieux et maniéré, tout le contraire enfin des traits et de la personne de George Sand. Avec cela, une dentelle très fouillée faite avec un soin qui rappelle la manière des sculpteurs italiens.

— Eh bien, comment me trouvez-vous? me demande avec un bon sourire l'auteur du *Marquis de Villemer*.

— Pas du tout ressemblante, madame.

— Ah ! vous trouvez ?

— Tous vos amis, tous ceux qui vous connaissent, le trouveront comme moi, vous n'allez pas permettre que ce buste reste là, n'est-ce pas ?

— Je ne pourrais m'y opposer, mon enfant, sans faire de la peine à l'artiste qui a fait ce buste. C'est là une chose à laquelle je ne consentirai jamais : si manqué qu'il soit, ce buste représente une certaine somme de travail. Vous êtes jeune : ce sont là des choses dont vous ne vous rendez pas compte. » — Puis, après un court silence, elle ajoute avec une pointe de malice imperceptible : « Regardez la dentelle, — elle est très bien traitée.

— Tous ces raisonnements ne m'ont pas persuadé.

— Mais vous ne pouvez laisser croire à ceux qui ne vous connaissent pas, madame, que c'est là votre portrait.

— Pourquoi ? Je vous assure que vous attachez de l'importance à des choses qui n'en ont pas. Allez, cela ne rendra mes romans ni plus mauvais, ni meilleurs, et je me ferais scrupule de désobliger M. Carrier-Belleuse pour une chose qui finalement me touche si peu.

..... A l'heure actuelle le beau buste qu'Aimé Millet a fait de George Sand, donné à l'Odéon par sa petite-fille Aurore, trône sur la cheminée du foyer : celui de Carrier-Belleuse n'a malheureusement pas encore disparu : c'est une affaire de temps.

XIII

Aujourd'hui je vais avec mon père voir Mme Sand. Elle nous accueille avec sa bonté accoutumée. Elle s'informe tout particulièrement de la santé de ma mère. Elle veut absolument que son médecin, le docteur Favre, la voie ; elle est persuadée qu'il la soulagera.

— Ma pauvre femme est désolée de n'avoir pu venir vous voir, madame, elle tenait à vous remercier avec moi de votre bonté pour Henri, lui dit mon père ; mais elle est dans un tel état de souffrance et de faiblesse qu'elle ne peut pas même songer à vous recevoir aux Bouleaux. Je suis chargé par elle de vous prier de vouloir bien occuper sa loge lundi à l'Opéra.

— Viendra-t-elle?

— Non, à son très grand regret, mais Henri et moi nous aurons l'honneur de vous recevoir ainsi que Mme Maurice Sand, votre petite-fille et M. Plauchut, s'il veut bien nous faire le plaisir de se joindre à vous.

Mme Sand accepte. Un instant après, on sonne c'est M. Eugène Lambert, le peintre des chats.

— C'est aussi un enfant à moi, nous dit Mme Sand.

... J'ai appris plus tard que, venu pour passer une saison à Nohant, Eugène Lambert y était demeuré dix ans de sa vie.

Mon père et moi nous prenons congé de Mme Sand. Avant que je ne parte, elle m'invite à dîner pour le surlendemain. Je dois faire ce soir-là, la connaissance de M. et de Mme Edmond Adam.

. . . .

En arrivant rue Gay-Lussac, j'apprends par Martine, la domestique, que Mme Sand est malade depuis la veille au soir.

— C'est la fatigue, me dit M%me% Maurice, ne vous inquiétez pas, Amic, cela devait arriver. Quand bonne mère est à Paris, elle oublie son âge et les années, et elle va, elle va tant qu'elle peut, seulement quand elle est bien lasse, elle est obligée de s'arrêter. Il se passe alors un phénomène assez étrange ; elle s'endort d'un long sommeil qui dure parfois de trente à trente-six heures ; puis lorsqu'elle s'éveille, elle est reposée et le malaise est oublié. Je ne suis donc nullement inquiète ; si je vous ai laissé venir c'est que je tiens beaucoup à ne pas dîner toute seule avec M. et M%me% Adam. Adam ne m'effraie point encore trop, mais la belle Juliette m'en impose un peu, et puis je craindrais qu'elle ne s'ennuyât avec moi, c'est surtout là, la vraie raison. Vous ne connaissez point M%me% Adam ? — Eh bien, Amic, vous ferez sa connaissance : c'est une très belle et charmante femme, vous verrez.

... Voilà ma joie gâtée, la pensée que M%me% Sand est souffrante m'empêchera ce soir de prendre aucun plaisir.

M%me% Maurice n'a pourtant rien exagéré. M%me% Adam est ravissante. Il paraît qu'elle est déjà grand'mère ; c'est de sa part une coquetterie de le dire, tellement il semble invraisemblable que cela soit possible. Je sais qu'elle écrit sous son nom de jeune fille : Juliette Lamber. Elle est très intriguée de me voir lié de façon aussi intime avec la famille Sand.

— Comment donc avez-vous fait, monsieur, me dit-elle, pour pénétrer dans une demeure aussi hermétiquement close que celle de Nohant ?. — êtes-vous donc sorcier ? — Elle ajoute avec un très joli sourire : — Si cela est, ne vous en cachez pas, nous pouvons nous entendre, car je crois à la cartomancie, à la chiromancie, à la graphologie et en général à toutes les sciences occultes. Il est vrai que mes croyances s'arrêtent là.

M. Edmond Adam paraît excellent. Il adore sa femme et il prend un plaisir visible à lui entendre dire tout ce qui lui passe par la tête. Du reste, je ne crois pas qu'il soit possible de causer avec plus de verve et de raconter de façon plus amusante et plus spirituelle que ne le fait Juliette Lamber.

- On parle du Midi, de Cannes et du Golfe Juan.

où les Adam ont deux villas : *le grand Pin* et *Bruyères*. Ceci m'amène à dire que la famille Amic est originaire de Grasse.

— Mais alors, vous connaissez sans doute notre ami, le docteur Maure ?

— Oui certes, c'est mon grand-oncle.

Nous voici en pays de connaissance.

— J'espère, monsieur, que vous viendrez nous voir et que vous mettrez en pratique, au moins par rapport à nous, le bon vieux dicton français qui veut, que les amis de nos amis soient nos amis — me disent en me quittant M. et Mme Edmond Adam.

... Je reconduis Mme Maurice et Aurore. Mme Sand dort toujours. Demain je viendrai prendre de ses nouvelles : ce long sommeil m'inquiète.

XIV

Je trouve Mme Sand dans le salon. Elle est assise près de son bureau : de temps à autre elle trempe sa plume dans un encrier de bronze japonais et signe tour à tour une très haute pile de livres que M. Harrisse, un de ses amis, lui a apportés à cet effet. Il y a bien là vingt-cinq à trente volumes. G. Sand met des dédicaces sur chaque livre avec une constance et un calme que j'admire, mais que je ne pourrais sûrement pas imiter. De temps à autre elle se borne à demander, de sa belle voix au timbre un peu grave :

— Y en a-t-il encore beaucoup ?

Je la regarde attentivement et je ne lui trouve point mauvaise mine. Me voici rassuré.

Tous les volumes sont signés. M. Harrisse reste un petit quart d'heure, puis il prend congé emportant son lourd bagage. — La pensée de toutes ces signatures si aisément accordées m'interdit :

— J'ai une demande à vous faire, madame, et je n'ose pas ?

— De quoi s'agit-il, mon enfant ?

— Je voudrais vous prier de signer pour moi la gravure de votre portrait de Th. Couture.

— Hélas ! je n'ai pas ce portrait.

— Je l'ai moi, depuis longtemps ; mais c'est un mot de vous que je voudrais.

— Apportez-le donc : j'aurais désiré faire pour vous davantage.

Je demande à Mme Sand de ses nouvelles.

— Cela va tout à fait bien maintenant, me dit-elle, cependant pour tranquilliser Lina qui fait la fière et ne rassure les autres au fond que pour se rassurer elle-même (comme les poltrons chantent pour se donner du courage), j'ai fait appeler mon ami le docteur Favre. Je vous ai déjà parlé du docteur Favre ; c'est un esprit bien curieux, un vieux savant, chercheur de théories scientifiques et morales tout ensemble, qui vous a des façons d'apôtre. Tantôt il vous tient des discours tout à fait incompréhensibles, et vous donne durant un instant l'impression d'un fou ; tantôt il raisonne avec une puissance de déduction extraordinaire et il vous énonce des vérités sous une forme particulière qui frappent à la fois l'oreille et l'imagination. C'est ainsi qu'il prétend que tous les êtres humains sont en surface ou en profondeur, suivant le plus ou moins d'intensité de leurs sentiments. — C'est Alexandre Dumas fils qui me l'a fait connaître : il le tient en très haute estime. C'est à lui qu'il a emprunté cette interminable histoire des juifs qui s'étale tout au long dans *la Femme de Claude.* L'influence du docteur Favre, bonne ou mauvaise, est manifeste dans les dernières œuvres de Dumas et j'imagine qu'elle ne s'arrêtera point là.

(Mme Sand ne croyait pas si bien dire. La théorie des vibrions que le docteur Rémonnin émet dans *l'Étrangère* appartient entièrement au docteur Favre.) Ce n'est point étonnant du reste, continue G. Sand, Dumas est avant tout un artiste ; il est tout naturel qu'il soit vivement impressionné par les formules scientifiques de Favre. — Il m'a bien intéressé aujourd'hui, ce brave docteur. Il prétend (c'est un de ses nouveaux dadas) que chaque être humain est guidé, de sa naissance à sa mort, par une passion dominante. Partant de là, il s'est mis à chercher quelle pouvait avoir été la passion dominante de ma vie. — A l'âge où vous êtes c'est moins facile à découvrir, observait-il, parce que les sensations sont en partie émoussées. Si vous consentiez à m'aider pourtant je crois que nous trouverions. — Je ne demande pas mieux : que faut-il faire ? — Répondez aux questions que je vais vous adres

La maison de Nohant (vue de face).

ser. — Volontiers, parlez. — Etes-vous orgueilleuse, vaniteuse ? — Je ne crois pas ? — Intéressée, avare ? — Pas davantage. — Paresseuse ? je ne le demande pas. Envieuse ? — Ma foi non. — Gourmande, sensuelle ? — Point que je sache et lui riant au nez : « Ah ! çà, mon cher ami, vous m'avez tout l'air d'être en train de me confesser ! — Peut-être : votre cas est très curieux : je ne vois point à quel mobile il faut attribuer votre ligne de conduite, et ceci me déroute. — Le voyant vraiment préoccupé, je vins à son aide : « Eh bien, lui dis-je, puisque vous me parlez sérieusement, je vous répondrai de même. Si je comprends clairement votre pensée, je crois pouvoir vous donner l'explication qui paraît vous tenir si fort au cœur. — Ma passion dominante, comme vous dites, a été la maternité. Dans tous les sentiments, tous les amours de ma vie, il y a quelque chose de la passion maternelle, quelque chose de la passion protectrice qui nous fait croire que ceux qu'on aime vous appartiennent davantage. » Favre m'a écouté parler très attentivement et il s'en est allé convaincu et satisfait, comme on l'est toujours quand on vous a prouvé que vous avez raison. »

... Je suis très frappé de ce que je viens d'entendre.

— Pouvez-vous dîner avec nous après-demain lundi, avant d'aller à l'Opéra ? me demande Mme Sand.

— Non madame, à mon grand regret : mon père sera tout seul ce soir-là, je ne puis pas le quitter.

— C'est dommage, vous vous seriez trouvé justement avec Dumas fils, puis aussi avec Mme Arnould-Plessy, enfin je vous verrai le soir.

... Je pense à part moi que c'est là le principal.

. . . .

Aujourd'hui, dans la journée, j'ai été faire signer à Mme Sand la gravure que Manceau à fait de son portrait par T. Couture. Voici ce qu'elle a écrit au bas : *A mon cher enfant, Henri Amic*, George Sand.

Cette appellation me rend bien heureux : c'est là pour moi un très précieux souvenir.

XV

Ce soir, lorsque Mme Sand arrive à l'Opéra avec Mme Maurice, Aurore et M. Plauchut, le premier acte de *la Juive* est joué en partie. Ma foi, c'est pour eux autant de moins à entendre. Je ne connais rien de plus mortellement ennuyeux que cet opéra. Tout le grand talent de la Krauss ne parvient pas à me faire supporter cette musique.

Mais, en ce moment, ce n'est point de musique qu'il est question, c'est du monument de Garnier qui vient à peine d'ouvrir sa porte. L'escalier fait fureur : c'est la grande vogue du jour.

Mme Sand est émerveillée : « Il me semble, nous dit-elle, que je viens d'entrer dans un palais de fées ou que je fais un rêve des *Mille et une Nuits*. Tout ce que je vois n'est pas de bon goût, cela doit être, c'est même certain, seulement mes yeux ne sont point assez grands pour tout voir, et je ne puis rien critiquer. J'admire le tout en bloc sans analyser les détails. Je n'en ai pas le temps et je suis heureuse de ne pas pouvoir le prendre, parce que mon plaisir en serait peut-être amoindri. »

La salle pourtant lui paraît tout à fait défectueuse, aussi bien comme acoustique que comme décoration : « Tous les chanteurs se casseront la voix sur cette scène, nous dit M*me* Sand. »

Durant la Pâque, Aurore remarque que le mari de la princesse Eudoxie, ne voulant pas prendre part à la communion, jette son pain.

— Pourquoi donc, bonne mère, ce monsieur-là jette-t-il son pain sous la table ?

— C'est qu'il est mal élevé, mon enfant.

... Durant un entr'acte, mon père cause avec M*me* Sand.

— Vous ne pouvez vous faire une idée, madame, lui dit-il, de l'émotion profonde que j'ai ressentie en lisant certains de vos livres. *Consuelo*, par exemple !

— Vraiment ?

— Cette lecture a été une révélation pour moi. Il y a bien longtemps que je n'ai lu ce livre, et cependant je me sens tout remué rien qu'en y songeant : il faudra que je le relise.

— Oh ! je vous en prie, mon ami, ne faites pas cela !

— Pourquoi donc, madame ?

— Parce que vous avez lu *Consuelo* avec l'ardeur passionnée de la jeunesse, et qu'à l'heure présente, ce roman vous semblerait avoir perdu son plus grand charme. Vous ne pourriez pas le retrouver tel que vous l'avez laissé, car vous le liriez avec des yeux et un esprit que la maturité a rendu différents. Gardez donc à ce livre tout votre bon souvenir de jadis et ne cherchez pas à le faire renaître, je ne pourrais qu'y perdre, est-ce promis ?

... Mon père est tout surpris de voir une femme d'un génie semblable aussi simplement modeste.

Il est dix heures, Mme Sand se retire avec Aurore : je les accompagne rue Gay-Lussac.

Quand Aurore est couchée, Mme Sand vient me rejoindre au salon, et nous causons en attendant le retour de Mme Maurice.

— Je vous ai bien regretté ce soir à dîner, me dit-elle, Dumas a été vraiment étourdissant de verve ou d'esprit. Quel homme étrange !... Je le connais depuis très longtemps et je n'ai pas sur lui, sur son caractère, une opinion arrêtée. Je le crois, comme certaines femmes, capable de tout le bien et de tout le mal. On ne peut pas dire qu'il soit méchant, et cependant je l'ai vu traiter avec la plus froide cruauté une pauvre fille qu'il savait follement amoureuse de lui. C'était une comédienne et une honnête femme, ce qui est assez rare. Eh bien, il se plaisait à jouer avec elle comme le chat avec la souris. Sous prétexte de rôles à répéter, il s'arrangeait de façon à la voir deux heures chaque jour. Durant ce temps, il lui prêchait sérieusement le culte de la virginité. Je crois vraiment qu'à ce régime la malheureuse enfant serait morte, si un médecin de ses amis ne lui avait pas ordonné de partir subitement pour la Russie, ce qui coupa court à ces énervantes et dangereuses conférences. — Le croirez-vous, Dumas n'avait l'air de se douter de rien : je suis même intimement persuadée qu'il n'avait pas conscience du mal qu'il s'amusait à faire, bien qu'il le fît pourtant en toute connaissance de cause. »

Nous parlons de la collaboration du *Marquis de Villemer*.

— Voici comment cela s'est fait, me dit Mme Sand. A une certaine époque, Dumas venait assez fréquemment à Nohant. Il y a même là-bas une chambre que nous appelons encore la chambre de Dumas. Donc, durant un de ses séjours chez nous, il me demanda un soir pourquoi je ne tirais pas une pièce du *Marquis de Villemer ?* — Parce que je ne la vois pas. — Vous avez tort, je vous assure que la comédie est toute faite. — Faites-là donc. — Je vous prends au mot. — Eh bien, c'est dit. — Au bout de dix à quinze jours, Dumas descend dans mon bureau : « Vous aviez raison, me dit-il, j'y renonce. J'ai fait l'ébauche du premier acte, mais le reste ne vient pas et me paraît impossible à faire. D'autre part, on m'appelle à Paris. Lisez ça et servez-vous-en, si le cœur vous en dit. » — Dumas parti, je lus ce qu'il avait fait. Ce qu'il n'avait pas trouvé me parut très simple, et j'écrivis la pièce d'un trait. — Quand, plus tard, je lui en fis la lecture, il m'arrêta après le premier acte : « Il me semblait, s'écria-t-il, que les scènes que j'avais écrites étaient plus brillantes, plus spirituelles ? » — Je me mis à rire et je le rassurai : « — Vous retrouverez, lui dis-je, vos mots d'esprit plus loin, un peu partout, dans les autres actes : soyez tranquille, mon cher Alexandre, je ne les ai pas laissés perdre ; seulement, comme je ne suis point aussi riche, je veux dire aussi spirituelle que vous l'êtes, je suis bien obligée de me montrer plus économe. » — Le jour de la représentation, voyant le grand succès de la pièce, j'insistai pour que Dumas fils fût nommé avec moi, il s'y opposa, me disant que ce qu'il avait fait était trop peu de chose pour que sa part de collaboration fût considérée comme étant égale à la mienne. Devant ce refus formel, je n'avais qu'à m'incliner ; c'est ce que je fis. — Plus tard, j'eus le plaisir de rendre service à Dumas en revoyant, sur sa demande, toute la partie descriptive de l'*Affaire Clémenceau*.

... Nous parlons voyage, puis de l'Italie et de Venise.

— Oh ! vous, mon enfant, me dit Mme Sand, je suis certaine que vous aimerez beaucoup Venise.

Et comme je lui demande pourquoi.

— Parce que c'est une ville intime, une ville dont on sent pour ainsi dire battre le cœur tout près du sien. La vie qu'on y mène n'y est pas compliquée. Le temps qu'on ne passe point à dormir ou à travailler, on le passe sur la place Saint-Marc ou la Piazzetta, ou bien encore à se promener en gondole, le soir, au coucher du soleil, ou la nuit, au clair de lune. Ah !... la douce vie, quel charme alangui et pénétrant elle laisse après elle. Tout cela est bien enveloppé de je ne sais quelle mélancolie vague, mais cette mélancolie même n'est point sans douceur. Oui, je vous le répète, mon enfant, vous aimerez Venise : il est impossible que vous ne l'aimiez pas, ou je vous connaîtrais mal.

Voici Mme Maurice de retour. C'est demain que ces dames partent pour Nohant. Je viendrai demain leur dire au revoir.

. . . .

Cette fois, nous nous séparons sans trop de tristesse : nous voici déjà le 8 juin, et il est entendu que j'irai à Nohant pour fêter l'anniversaire de Mme Sand, que, suivant l'ordinaire coutume, on lui souhaite le 5 juillet.

XVI

Nohant, 24 juin 1875.

Cher enfant, depuis bien des jours déjà je veux vous écrire. J'attendais toujours pour vous envoyer un paquet de photographies que le photographe devait me fournir. Je ne veux pas attendre davantage pour vous demander des nouvelles de votre mère, si mon ami Favre a été la voir, et s'il vous donne quelque espoir de la délivrer de ce mal périodique si douloureux.

Nous sommes tourmentés de votre silence. Moi, j'ai eu encore un peu de fièvre, mais ce n'est rien de grave. Aujourd'hui nous sommes tout chagrins parce que notre chère Tichon a la rougeole. Elle est très calme et très patiente, et rien n'est inquiétant dans ce mal quand il est soigné et suit son cours régulier. Mais la maison est triste et vide quand un enfant est au lit. Nous pensons bien qu'Aurore ne tardera pas à être pincée aussi, malgré les précautions prises pour les séparer.

Cette rougeole est partout dans le pays, et il faut payer le tribut quoi qu'on fasse. J'espère que tout cela sera passé et guéri quand vous viendrez nous voir, moment que les petites attendent comme nous avec impatience. Espérons aussi que nous aurons beau temps. Il pleut ici beaucoup et tous les jours, ce qui fait grand bien au bout du compte, et donne des intervalles de fraîcheur délicieuse.

Je m'occupe en ce moment de dédier toutes celles de mes œuvres qui n'ont pas eu de dédicace à des personnes aimées, afin que la grande édition soit complète sous ce rapport. Je vous ai donc dédié le Péché de Monsieur Antoine, *si vous voulez bien l'accepter, car encore me faut-il votre agrément.*

A vous de cœur, cher enfant, donnez de vos nouvelles, de celles de la chère maman surtout, et rappelez-nous au bon souvenir de votre aimable ami et père.

Nous vous embrassons tous bien tendrement.

G. SAND.

Nohant, 26 juin 1875.

Cher enfant, vous nous donnez deux bonnes nouvelles : votre mère va mieux et vous pouvez rester plusieurs jours avec nous. Nous en sommes tout *et tous heureux.*

La rougeole de Titite a été des plus bénignes. Elle n'a plus qu'à rester dans la chambre par mesure de prudence. Son médecin lui a donné une chèvre blanche qui a été le plus souverain des remèdes pour la remettre en joie. Aurore n'a rien encore ; au contraire, elle se porte beaucoup mieux et paraît guérie de ses maux de tête. Rien ne l'oblige à avoir la rougeole, nous espérons qu'elle s'en privera.

Quant à Plauchut, il va bien mal aux dominos ! Cela ressemble à un ramollissement du cerveau qui nous inquiète beaucoup. Il ne peut plus dormir que seize heures sur vingt-quatre, et cette insomnie achève de l'accabler.

Le sujet du tableau est la Nuit de Valpurgis. *Voyez* Faust. *Le marchand ne comprendra peut-être pas beaucoup plus quand vous lui aurez dit cela. Si ce tableau était fini, il aurait une très grande valeur; mais ce n'est qu'une esquisse. Je ne m'en dessaisirais jamais si Maurice devait en hériter seul...*

Telle qu'est cette ébauche, elle a été trouvée si belle, qu'on m'a conseillé de ne pas la vendre à moins de 10,000 francs. Donc, si vous pouvez la faire acheter, vous me ferez grand plaisir.

Au revoir bientôt, cher enfant. Nous sommes content et joyeux de vous retenir tant que nous pourrons. Toute la famille vous embrasse, et Plauchut, quoique mourant, vous serre fortement les mains.

G. Sand.

XVII

Avant de partir pour Nohant, je vais voir Mme Adam. Le motif de ma visite est tout trouvé, je lui demanderai si elle n'a point de commissions pour là-bas.

Je suis reçu le mieux du monde : nous parlons beaucoup de Mme Sand.

— Plus je la connais, plus je l'aime, me déclare Juliette Lamber : elle avait désiré me voir autrefois, après mon livre des *Idées anti-proudhoniennes*, mais elle apprit ma très grande amitié pour la comtesse d'Agoult (Daniel Stern), qu'elle avait cessé de voir depuis longtemps déjà, et elle préféra attendre. — Attendre quoi ? me direz-vous. — Attendre tout simplement que j'apprenne à juger moi-même le caractère de Mme d'Agoult, l'Arabella des *Lettres d'un voyageur*, la compagne de Liszt, — la mère enfin de Mme Cosima Wagner. Vous savez que cette malheureuse est morte enfermée ? Avec une apparence d'extrême froideur et d'équilibre parfait : c'était une névrosée, une détraquée, mais bien spirituelle tout de même. C'est elle qui dit un jour à Mme Ackermann : « C'est curieux, ma chère, quand on lit vos vers, on prend de vous une idée très haute. Si l'on devait vous comparer à un oiseau, on dirait volontiers que vous êtes un aigle qui plane au-dessus des cimes dévastées. On vous voit, on cause avec vous, — quelle désillusion ! on trouve une vieille pie ! »

... Nous revenons à Mme Sand. Mme Adam me

conte d'elle une histoire qui lui ressemble. Théophile Gautier avait le grand désir de connaître l'auteur de *Lélia*. — Dumas se charge de contenter son désir : il le conduit à Nohant. La présentation faite, on cause. Gautier, désireux de briller aux yeux de Mme Sand, déploie devant elle tout le scintillement de son esprit. — George Sand l'écoute intéressée, mais elle ne dit mot.

Le soir venu, chacun se retire dans sa chambre. Le lendemain, Gautier va trouver Dumas.

— Je suis désolé d'être venu ici ! s'écrie-t-il.

— Quelle mouche te pique ? et à quel propos cette boutade ?

— A quel propos ? Tu le demandes ? Je déplais à Mme Sand, c'est visible : elle ne m'a point adressé une seule fois la parole, soit pour appuyer mon opinion, soit pour me contredire. Est-ce vrai ou non ?

— Mais je t'assure...

— Le mieux est que je m'en aille tout de suite.

— Ne fais pas ça. Attends-moi là.

Dumas descend dans le bureau de Mme Sand et lui raconte tout. Elle, l'écoute avec ses beaux grands yeux étonnés, puis, simplement : « Vous ne lui avez donc pas dit que j'étais bête ? »

... Je quitte Mme Adam, heureux de ma visite. Quand on aime bien la même personne, on s'entend facilement et l'on se trouve très vite rapprochés l'un de l'autre.

. . . .

En arrivant à Nohant, j'ai le chagrin d'apprendre qu'en soignant Gabrielle Mme Maurice a attrapé la rougeole. Ce n'est point grave, bien sûr, mais me voici probablement privé du plaisir de la voir durant mon séjour ici.

Le jardin semble en ce moment tout en fête. Les fleurs vivaces de toutes les espèces s'épanouissent sous la grande allée des pommiers. Là brillent les gerbes d'or, les nigelles de Damas, les ancolies sombres, les anémones d'automne d'un blanc rose et, surtout, les pavots et les coquelicots, simples, doubles, unis, dentelés, variés à l'infini, merveilleux enfin de tons et de formes.

Aurore et Gabrielle s'amusent à marier les fleurs. Elles prennent leurs têtes dans leurs petites mains et les frottent doucement. Le pollen, la poussière fécondante qui se trouve au fin bout des étamines de chaque fleur pénètre alors dans le pistil, qui plus tard se gonflera et contiendra la graine. L'an prochain, on obtiendra ainsi de nouvelles variétés.

Près de la maison se trouve un petit parterre de rosiers. A leurs pieds fleurissent l'héliotrope, le réséda, puis le mimulus et le némophyle. — George Sand adore les fleurs, mais elle n'aime point les voir cueillir. Chaque jour elle va rendre visite à son parterre fleuri et quand elle découvre une nouvelle venue, elle est très heureuse. Elle regarde les fleurs avec une sorte de joie recueillie. Je crois bien que tout bas elle les considère comme de ravissants petits êtres dont la courte vie se passe à nous ravir de leur beauté ou de leurs sourires embaumés : aussi elle se fait un véritable scrupule de les arracher de leur tige. Quand elle cueille une rose pour l'offrir, elle, qui est l'adresse même, devient maladroite et l'effort qu'elle fait abîme le rosier.

... En ce moment, les bords de l'Indre sont délicieux. Les marguerites et les boutons d'or en émaillent les rives, et sur les grands brins de l'herbe déjà haute on voit se promener d'adorables petits insectes d'un bleu pâle avec des reflets d'or, on dirait des opales vivantes. Je recueille quelques-uns de ces insectes et je les porte à Mme Sand.

« On fait avec cela, me dit-elle, de très jolis bijoux. Plauchut m'a rapporté de ses voyages une parure d'insectes verts avec des reflets dorés : c'est d'un effet admirable. Je la mettrai un de ces soirs, vous verrez. Je vous avouerai que je n'ai jamais attaché grand prix à la valeur marchande des bijoux. Les diamants, si gros qu'ils soient, ne me causent point autrement d'admiration : je suis même convaincue que, s'ils ne coûtaient point si cher, on ne les admirerait pas tant. Pour beaucoup de gens, la rareté des choses, mon enfant, remplace leur beauté. On les désire parce qu'on ne les a pas, quand on les a, on ne les regarde plus, ou si peu !... tout juste assez pour se bien convaincre que les autres ne les ont pas. Et ce sera toujours ainsi tant qu'il y aura des hommes et des femmes sur la terre. »

... Je suis monté aujourd'hui avec M. Maurice Sand dans son atelier. Il m'a montré sa collection d'échantillons géologiques qui est considérable. Tout cela est classé, étiqueté avec tout le soin d'un savant collectionneur. La géologie me semble une science étrangement romanesque. Cette science n'a-t-elle pas pour but de rechercher l'histoire, — le roman de la terre et du monde ? — Arriver à déterminer sinon l'âge du globe du moins les formations diverses de terrains qui le composent, — savoir caractériser chaque succession de ces terrains grâce aux coquillages fossiles qui les caractérisent, et pouvoir arriver à dire exactement en cassant un caillou de quel terrain il relève, à quelle époque il appartient, voilà qui me stupéfie ; j'avoue très naïvement que je ne croyais point ces choses possibles.

Ma curiosité d'esprit enchante M. Maurice : il me propose, si cela m'intéresse, de me donner quelques notions premières de géologie : « Une fois que vous connaîtrez les successions différentes des terrains par leurs noms, ajoute-t-il, il vous restera à apprendre à les reconnaître à la seule vue d'une pierre ou d'un coquillage. »

Maintenant, je ne sors plus qu'armé d'un

marteau : je casse toutes les pierres que je rencontre pour regarder dedans. On m'accuse de faire concurrence aux cantonniers, et l'on s'amuse autour de moi de mon ardeur de néophyte.

5 juillet 1875.

C'est ce soir la fête de Mme Sand. Elle a maintenant soixante et onze ans. J'ai fait faire pour elle un bracelet. Du bas de son chiffre s'échappe de droite et de gauche une petite palme en or vert. Ces palmes abritent les portraits émaillés d'Aurore et de Gabrielle.

Lorsque je donne à Mme Sand ce petit cadeau : « Prenez garde, me dit-elle ; si vous avez fait des folies pour moi, mon enfant, je vais vous gronder. »

— Je lui réponds en riant : « Non, madame, vous ne me gronderez pas. »

Quand elle voit le bracelet, les larmes lui viennent presque aux yeux : « Je devrais me fâcher et je ne le peux pas. Ah ! comme vous connaissez bien le faible de mon cœur. Je ne porte guère de bracelet ; mais celui-là, je le porterai souvent, merci. »

Le soir, après le dîner, grande fête. M. Plauchut fait tirer un feu d'artifice en l'honneur de Mme Sand. Grands et petits, toute la maisonnée est en joie.

Un instant après notre rentrée au salon, Mme Sand me dit : « Je viens d'aller voir Lina : elle va presque tout à fait bien, la chère petite : elle a vu de sa fenêtre la brillante traînée des fusées et l'embrasement des soleils. Je lui ai aussi montré votre bracelet : elle l'a beaucoup admiré ; alors, tout en l'embrassant, je lui ai promis qu'il ne quitterait mon bras que pour aller au sien. »

... Ce matin, après le déjeuner, Mme Gustave Fould arrive à Nohant. Elle vient de faire paraître un gentil roman : *le Bleuet*, qu'elle a signé du pseudonyme de Gustave Haller.

Avant d'épouser le fils de M. Achille Fould, l'ancien ministre de l'empire, l'auteur du *Bleuet* avait joué la comédie à l'Odéon sous le nom de Valérie.

Sollicitée par les Lévy d'une part et par

Mme Fould de l'autre, Mme Sand a écrit pour le *Bleuet* quelques lignes en guise de préface. C'est justement cette préface qui lui vaut aujourd'hui la visite en question.

On annonce cette dame. Mme Sand descend au salon et cause un instant avec elle, mais bientôt, un peu gênée de se trouver avec une personne qui lui est absolument inconnue, elle sonne et fait prier M. Maurice de venir.

Maurice arrive : il est très en train, très gai ce matin : il est très content de revoir Mme Fould qu'il a connue autrefois à l'Odéon, cela le rajeunit. Il ne s'aperçoit pas du tout de la contrainte de sa mère.

— Et vous êtes venue à Nohant comme ça toute seule ?

— Oh ! non, mes filles sont ici.

— Où donc ?

— Elles sont restées sur la route avec leur institutrice.

— Je vais les chercher : ces demoiselles ont sans doute l'âge de mes filles. Nous ne devons pas priver ce petit monde de la joie de jouer ensemble.

— Ne faites pas cela, je vous en prie, pensez donc, ce serait un envahissement !

— Le grand malheur ! Nous ne sommes point des sauvages et vous ne nous faites pas peur : vous n'allez point partir comme ça, sans dîner avec nous.

— Oh ! ce serait abuser.

— Mais pas du tout.

— Si fait, je vous assure : songez donc, quatre personnes !...

— Qu'à cela ne tienne, madame, observe Mme Sand, la maison est assez grande pour vous recevoir.

— N'insistez pas trop : je meurs d'envie d'accepter.

— Allons voici qui est entendu, conclut Maurice, je vais chercher ces demoiselles.

... Mme Sand est obligée de tenir compagnie à Mme Fould durant une bonne partie de la journée : cela ne l'amuse guère. Enfin, l'heure du dîner arrive.

Quel dîner !...

Mme Sand ne parle absolument qu'à la gouvernante et aux petites filles pour lesquelles elle se montre pleine de sollicitude.

Quant à Mme Fould, elle est visiblement troublée : elle parle très vite et longuement, sans avoir rien à dire.

Je m'explique à présent pourquoi les jugements portés sur Mme Sand ne s'accordent point toujours. Ceux qui l'ont vue passer simplement dans le monde n'ont pu ni la juger, ni la connaître ; ceux même qui l'ont approchée sans être admis à vivre dans son intellectuelle intimité n'ont pu soupçonner ce qu'elle était.

Après le départ de la famille Fould : « Pourquoi donc as-tu invité cette belle dame ? demande Mme Sand à son fils, tu sais bien que je n'aime point recevoir des étrangers quand Lina n'est pas là. Lina, c'est mon bras droit, quand elle me manque, je ne sais plus rien faire. »

... Les jours passent doucement, mais trop vite. J'ai la joie de voir Mme Maurice descendre au salon la veille de mon départ.

Plus je viens ici et plus je me sens triste quand il faut que je m'en aille.

XVIII

Nohant, 25 juillet 1875.

Cher enfant, je saisis un moment pour vous écrire, car nous ne sortons pas des rougeoles. Pauvre Lolo y est en plein et en souffre beaucoup. Nous sommes désolés du chagrin que vous avez trouvé à Paris. Probablement votre bon père n'est pas habitué à se soigner, et il n'aura pas voulu faire attention aux avertissements du mal. Il voudra maintenant guérir pour ceux qu'il aime et il suivra le régime qu'on lui prescrit, vous y veillerez, et vous obtiendrez tout de lui. Dites-lui que nous aussi nous le prions de s'abstenir de tout ce qui lui est contraire et que nous prenons la plus grande part aux ennuis qui lui sont imposés.

Maurice regrette vivement son cher piston, *qui lui rajeunissait ses impressions géologiques. J'espère bien qu'au mois de septembre vous serez tranquillisé tout à fait sur votre cher malade et que vous viendrez lui faire part de vos observations et trouvailles.*

J'ai fini pour mes feuilletons du Temps *un petit conte sur les huîtres fossiles, où vous trouverez à mordre* au figuré.

A revoir donc, cher enfant, le plus tôt possible, entendez-vous ? Nous nous habituons si bien à vous chérir que nous voilà tristes et incomplets sans vous.

Nos compliments affectueux à votre mère et à tous les vôtres.

Aurore n'embrasse pas Blanche aujourd'hui, elle se trouve trop laide, mais elle me charge de vous dire qu'elle vous aime bien quand même.

G. Sand.

Nohant, 2 août 1875.

Mon bon et cher enfant, Lolo va très bien maintenant, mais elle est très maigrie. C'est étonnant qu'une si courte maladie ravage ainsi les pauvres enfants. Titite commence à se remplumer.

Plauchut a reçu votre invitation ce matin. Il vous remercie de tout cœur, mais nous l'empêchons de s'en aller. Il dort si bien ici ! où dormira-t-il mieux ?

J'ai reçu avis de la Comédie-Française que le

Marquis de Villemer *serait mis en répétition le 1ᵉʳ septembre prochain. Je n'irai pas avant les deux ou trois dernières répétitions, donc je passerai ici presque tout mon mois de septembre.*

Ne venez pas tard afin de rester bien longtemps.

On vous a beaucoup regretté dans une excursion géologique, d'où on a rapporté des masses de corail fossile. Maurice aurait été content de vous montrer ces bancs de corail sur place dans une carrière de pierres et de marnes. Envoyez-lui tout ce que vous trouverez. Il déterminera pour le mieux. Mais ne vous attachez pas trop (c'est lui qui parle) à l'étude minéralogique. Ceci est en surplus dans l'intérêt de l'étude géologique. La formation et l'agencement des terrains doivent être bien établis dans votre esprit et dans votre mémoire, et la pratique vous apprendra ensuite à bien qualifier et reconnaître les divers éléments de ces formations.

Moi je dis : Etudiez et apprenez tant que vous pourrez, que vous soyez avocat, romancier, auteur dramatique ou homme de loisir, tout ce que vous aurez acquis vous servira à vivre d'une vie étendue et savoureuse, utile par conséquent.

Tout Nohant vous chérit, vous embrasse et vous rappelle.

Dites toutes nos sympathies et affections à vos bons parents.

G. SAND.

Nohant, 12 août 1875.

Cher enfant, nous vous avons écrit, Aurore, Titite et moi le 2 août. Je vous disais que j'irais à la fin de septembre à Paris pour les dernières répétitions de Villemer *aux Français et que je vous attendrais à Nohant jusqu'au 25 au moins. Il semble que vous n'ayez pas reçu cette lettre que nous avions adressée aux Bouleaux, à ce que je crois. La gentille lettre de Blanche nous était arrivée le lendemain. Aujourd'hui Aurore lui répond. Elle se porte tout à fait bien.*

Moi je vas merveilleusement depuis que je me plonge tous les jours dans la rivière, qui est redevenue limpide et bouillonnante.

Je me suis remise aux contes pour les enfants, et j'espère que Blanche pourra les lire sans trop d'ennui bien qu'ils aient la prétention d'être instructifs.

Maurice et Plauchut sont partis pour une tournée

d'huîtres. *Vous savez que Plauchut voyage pour comparer la chair de ces intéressants mollusques. Maurice, qui ne les méprise pas, a pourtant un autre but, qui est de relever les côtes géologiques de l'Océan français. Il doit revenir au plus tard le 28 août pour se rendre à l'appel du jury à Châteauroux, ce qui l'amuse beaucoup moins. Sans cela, il se serait fait un plaisir de vous emmener dans quelque excursion du même genre. Mais j'espère que ces assises ne le retiendront pas plus de cinq à six jours et qu'alors vous pourrez encore courir ensemble. Plauchut nous revient avec lui.*

Dites encore à votre père combien nous sommes heureux de son rétablissement.

Un bon baiser à Blanche comme à vous, et tous nos sympathiques compliments à votre chère maman.

G. SAND.

Nohant, 2 septembre 1875.

Cher enfant, nous étions un peu inquiets de n'avoir pas de vos nouvelles. Vous avez été à l'Opéra, à la campagne ; tout est pour le mieux.

Faites votre droit, croyez-moi, et oubliez un peu le théâtre, vous vous retrouverez plus mûr, plus rompu à la réflexion et au travail, quand vous aurez acquis la connaissance des choses de fait dans la société. Si vous saviez comme cela me gêne, moi, de ne pas connaître les choses pratiques ! J'aurais bien voulu faire mon droit, je voudrais bien l'avoir fait !... Que de fond vous êtes en âge d'acquérir, sans cesser d'être heureux en famille, — et de regarder, sans effroi de l'avenir ! Peu de jeunes gens sont aussi heureux que vous. Profitez-en pour être parfait, car le malheur est un maître bien dur et qui nous fait, quoi qu'on en dise, plus de mal que de bien.

Nous sommes heureux de savoir votre bon père guéri. Dites-le-lui bien, ainsi qu'à votre chère maman.

Nohant est bien muet depuis qu'on n'entend plus la meute et le cor de Plauchut, vos parties de boules et vos grandes galopades du soir avec les enfants. Les petites courent davantage dehors, sous prétexte de vendanges, et j'ai un beau silence pour travailler, mais je regrette le tapage, et j'espère qu'il reviendra.

Je mène au pas de course Miette Ormonde (*La*

tour de Percemont). Il s'y trouve une situation dans le genre de celle que vous m'avez racontée et qui était écrite auparavant. Le fait est donc plus fréquent qu'on ne pense, et toujours sujet à orages quand la conscience ne gouverne pas les affaires d'intérêt.

Je n'apprends que par les journaux qu'on reprend Villemer. On ne m'avertit pas, j'en conclus que les études ne sont pas commencées. Si elles ont lieu quand il fera froid, je ne sais pas si je me déciderai à quitter mon nid. Dans tous les cas, nous fêterons Noël ici, et n'oubliez pas que nous comptons sur vous.

Aurore a repris ses maux de tête, mais moins forts. Nous reprenons le régime de Favre, qui avait si bien réussi. Elle me charge de vous bien embrasser pour elle, ainsi que Titite, qui continue à faire sa tête.

J'ai reçu les cigarettes, merci, cher enfant, rappelez-vous ce que je vous dois.

On vous envoie toutes les tendresses toujours plus tendres de la famille et je vous embrasse bien maternellement vous et la chère petite sœur.

G. Sand.

La maison de Nohant.

Nohant, 3 septembre 1875.

Cher enfant, comment va votre père ? Partez-vous pour la Bourgogne ? Vous verra-t-on bientôt à Nohant ? Répondez, — on compte si bien sur vous!

Maurice a recueilli beaucoup de fossiles dans sa tournée, et il vous en fera part. Plauchut est toujours des nôtres, et j'espère que nous le garderons encore.

Ne vous tourmentez pas de notre carreau de salle à manger. Il est trop tard cette année pour entreprendre ce travail. Quand je serai à Paris, le mois prochain probablement, nous verrons ensemble l'établissement qui vous a fourni, et je ferai la commande pour une époque déterminée.

Ecrivez-nous, dites-nous que vous venez. Les enfants et les parents vous appellent et vous aiment.

G. Sand.

XIX

J'ai vu le Berry, l'hiver avec le givre et la neige, l'été avec son décor de fleurs et de prés verdoyants; maintenant le décor a changé, voici l'automne : c'est le temps des vendanges. Tous les coteaux de vignobles sont remplis de monde.

A peine arrivé, mes mignonnes amies m'entraînent avec leur mère grapiller dans les vignes et boire du vin doux. Je me laisse emmener sans résistance, et je grapille et je bois très joyeusement.

A notre retour, quand Mme Sand apprend comment je me suis comporté, elle me gronde.

— Vous allez être malade, mon enfant.

— Non, madame, rassurez-vous.

— Notre vin doux est traître, vous verrez.

Le lendemain, nouvel interrogatoire.

— Mais je me porte le mieux du monde !

— Il faut en ce cas, s'écria-t-elle, que vous ayez des strates de pierre dans l'estomac...

Les strates me ramènent à la géologie.

M. Maurice voudrait me voir tout quitter, — au moins momentanément, — afin que je puisse me livrer sérieusement à l'étude de cette science. C'est trop me demander. Je ne veux pas m'abstraire à ce point. Et puis, malgré tout ce qu'on me dit, je ne puis m'empêcher de songer toujours au théâtre. Le théâtre est pour moi comme un aimant, je me sens attiré par lui. Ces jours derniers, j'ai repris la comédie que j'avais apportée à Nohant, lors de mon premier voyage. A tort ou à raison, le sujet de cette pièce m'intéresse ; je m'imagine qu'il y a quelque chose à en faire.

(Cette comédie a été jouée à l'Odéon le 20 mars 1888 sous le titre de Mlle *Dargens*. Bon nombre de critiques me reprochèrent alors d'en avoir pris l'idée dans *Denise* de M. Alexandre Dumas fils : les dates répondent pour moi.)

Je me confesse à Mme Sand.

— Si vous vous sentez en veine d'écrire, travaillez, me dit-elle. Il y a sûrement une idée dans ce que vous m'avez lu. L'aveu de la jeune fille à l'homme qui l'aime est une trouvaille. J'aime moins le dévouement de la mère, — il est exagéré : c'est là le point faible.

... Le premier coup du dîner vient de sonner : on frappe à la porte de ma chambre.

— Qui est là ?

— C'est moi, mon enfant, me dit Mme Sand à travers la porte, venez dans mon bureau, j'ai à vous parler.

Deux minutes après, je suis près d'elle.

C'est de votre comédie que je veux causer avec vous. Ce qui me choque, je vous l'ai dit, c'est le faux aveu de la femme au mari. Voyons, ne pourriez-vous pas trouver autre chose ?

— Peut-être, mais en ce moment je ne vois pas...

— Ce qui constitue l'héroïsme de notre héroïne : c'est un pieux mensonge. En ce cas, que l'aveu soit fait au mari ou à une autre personne, l'effet produit sera le même.

— C'est vrai, seulement il faudrait trouver quelqu'un qui eût des droits sur l'enfant.

— Justement. Vous avez fait mourir le père, mais vous pourriez faire réclamer l'enfant par... une personne... de sa famille.

— Par sa mère, peut-être.

— Oui, oui, par sa mère, c'est une idée excellente que vous avez là, mon enfant.

Et Mme Sand s'ingénie à me persuader que c'est moi qui ai découvert ce qu'elle seule a trouvé. — C'est parce que cette pensée lui est venue qu'en toute hâte elle est allée frapper à la porte de ma chambre, mais elle ne veut pas en convenir. Et moi, je ne sais pas seulement lui dire merci; je la regarde avec des yeux tout remplis de reconnaissance.

. . . .

J'ai trouvé cette fois à Nohant un hôte nouveau, M. Rollinat (l'oncle du jeune poète Maurice Rollinat). C'est un homme de cinquante à soixante ans. Le noir factice de ses cheveux dissimule son âge : son nom ne m'est pas inconnu. Il vient de publier dans *le Temps,* un article sur Nohant dans lequel il a raconté qu'un jour, par une belle nuit d'été, Liszt et Chopin s'étaient tour à tour succédé au piano. Il disait que le jeu brillant de Liszt avait tout d'abord étonné, puis émerveillé tout le monde, mais que lorsque Chopin, après avoir fait éteindre toutes les lumières selon son habitude, s'était mis au piano, chacun avait été saisi d'un ravissement ineffable, oubliant les mélodies précédemment entendues, ne songeant à comparer à rien le jeu de cet artiste incomparable. — Et M. Rollinat ajoutait que cette inoubliable soirée s'était gaîment terminée par la dégustation d'un punch formidable servi dans un énorme saladier d'argent.

Je parle à Mme Sand de cet article.

— Oui, me dit-elle, c'était très joli, très agréable à lire, et ce qu'a dit Rollinat du jeu de Liszt et de Chopin est très exact. Il n'y a qu'un malheur, ajoute-t-elle avec un sourire, c'est que l'histoire de cette plaisante rencontre est une pure invention. Jamais Liszt et Chopin ne se sont trouvés ensemble ici. Il en est de cette rencontre comme du fameux saladier d'argent que j'ai le regret de n'avoir jamais vu.

Je m'étonne que Mme Sand laisse accréditer de pareilles légendes.

— A quoi bon démentir ces anecdotes, me répond-elle, c'est bien inutile puisqu'elles amusent le public et qu'elles font gagner de l'argent à ce pauvre Rollinat qui en a besoin.

... Mme Sand avait songé à donner M. Rollinat comme précepteur à ses petites filles. Aurore et Gabrielle ne s'en soucient pas. Ce professeur en expectative a une façon d'être un peu doucereuse qui ne leur revient point. Le pauvre homme, entendant parler géologie et voulant se faire bien voir de ces demoiselles, ramasse tous les jours des petits cailloux sans aucun intérêt

qu'il leur donne comme des pierres précieuses.
Les enfants le remercient, seulement toutes ces
pierres les embarrassent. Ce matin, Gabrielle a
pris un grand parti, elle les a jetées par la fenêtre.
Un hasard malheureux les a fait retrouver par
M. Rollinat. Cela a amené une scène dramatico-
comique qui nous a fait bien rire.

... Ce soir je parle d'Emile Zola avec Mme Sand.
Elle lui trouve un très grand talent.

— Je viens de lire : *Son excellence Eugène
Rougon ;* c'est très vivant et très puissant tout
ensemble, me dit-elle, un peu brutal parfois,
mais cela contribue peut-être à donner aux des-
criptions un air de vérité. Je crois pourtant que
l'art et le goût y perdent ce que le réalisme y
gagne.

De Zola, nous passons à Alphonse Daudet.
George Sand aime beaucoup *Jack*. Elle a lu ce
livre avec passion ; je crois bien qu'elle a dû
l'écrire à son auteur. — Je ne sais comment nous
arrivons à parler d'Emile Gaboriau. *M. Lecoq,
l'Affaire Lerouge, le Crime d'Orcival,* etc., etc...,
tous ces romans d'imagination amusent follement Mme Sand. Elle prend à les lire un plaisir

extrême. L'ingéniosité de l'intrigue l'amuse, comme les contes de fées amusent les enfants, — et les recherches des hommes de police l'empêchent de dormir.

... Aujourd'hui, dans la journée, je monte dans le bureau de Mme Sand.

Je trouve Aurore assise devant un petit théâtre ; elle est en train de se donner une représentation à elle-même. Elle me conte longuement que sa bonne mère vient de lui jouer une pièce, pour elle toute seule. C'est l'histoire très compliquée d'une petite fille que ses parents ont perdue. Ils la cherchent partout, et, finalement ils la retrouvent dans le cœur d'un chou.

Aurore s'en va jouer avec Gabrielle. Mme Sand me parle du théâtre et des actrices.

— Il faut, mon cher enfant, me dit-elle, que je vous mette en garde une bonne fois contre vos futures interprètes. Les femmes de théâtre sont peut-être plus dangereuses encore que les autres femmes (et cela n'est pas peu dire !), c'est d'ailleurs tout naturel, leur métier les rend plus intelligentes, parce qu'il développe leur esprit, et elles font rarement de cet esprit l'usage qu'il faudrait. L'habitude de feindre des sentiments qu'elles n'éprouvent pas, — de jouer la comédie en un mot, — les conduit très aisément à la trahison et au mensonge. Elles étudient leurs rôles en dehors du théâtre. Voulez-vous des exemples ? — En voici. Jane Essler, qui joua à miracle le rôle du petit Mario des *Beaux Messieurs de Bois-Doré,* vécut plusieurs années avec un homme de lettres de mes amis. Un beau jour elle lui déclara, sans aucune raison, qu'elle allait le quitter. Le pauvre garçon l'adorait : il ne put prendre son parti de cette rupture, et il me pria de parler à Jane Essler. Je fis ce qu'il me demandait, et je revins navrée de ma démarche. Cette femme me répondit froidement à tout ce que je trouvai à lui dire : « Il me donne ce qu'il peut, mais il n'est pas assez riche. Je l'aime autant et plus qu'un autre, seulement je ne suis pas assez folle pour laisser passer ma jeunesse sans songer à me faire une position. » — Et ne croyez pas que ce soit là un cas particulier, ajoute Mme Sand, la plupart des actrices sont des marchandes d'amour à peu près au même titre que les courtisanes. — Il faut que je vous conte une autre histoire. Un soir, on donnait *l'Autre*, à l'Odéon. Je monte chez Duquesnel, et je trouve le théâtre en révolution. J'apprends que l'artiste qui jouait avec une grâce exquise le rôle d'Hélène, Sarah Bernhardt, pour ne pas la nommer, avait tenté de s'empoisonner. Je monte la voir ; je la raisonne ; je lui parle de son fils auquel elle doit sa tendresse et ses soins. Je lui dis enfin tout ce qu'une femme et une mère peut trouver à dire en pareil cas. Sarah éclate en sanglots : elle m'assure qu'elle a horreur de l'existence qu'elle a menée jusque-là, que jamais personne ne lui a parlé comme je l'ai fait et que mes conseils ne sortiront pas de sa mémoire. — Quelques jours après j'arrive assez tard, et je croise dans l'escalier Sarah Bernhardt et sa sœur Jeanne qui s'en allaient toutes deux, en hommes, au bal Bullier. Voilà, mon cher enfant, à quoi avaient servi mes remontrances et mon sermon. Encore une fois, défiez-vous des femmes de théâtre : elles sont à la fois plus séduisantes, plus perverses et plus dangereuses que les autres : soyez toujours en garde contre elles. Bien qu'elles soient rarement désintéressées, elles sont capables d'avoir, je ne dirai pas des heures, mais des minutes d'apparente sincérité. Elles se croient de bonne foi, — trop de fois, et cela volontairement. — Maintenant, je n'ai pas besoin de vous dire qu'à toute règle il y a des exceptions, — mais, dans le cas présent, les exceptions sont rares.

XX

Aujourd'hui c'est grande fête ; on baptise au bourg de Nohant un enfant, *un bourrasson*, comme on dit ici. C'est Gabrielle cette fois qui est la marraine, et M. Plauchut le parrain. Après le baptême, les dragées et les sous pleuvent, puis les cornemuseux arrivent et les paysans se mettent à danser sous les grands arbres de la place du village. Je reconnais les airs de *bourrée* que m'a joués Mme Sand. Aurore et Gabrielle dansent le mieux du monde. M. Plauchut est plein de gaîté et d'entrain. Mes petites amies veulent absolument que je prenne aussi ma part de plaisir. J'ai beau protester, on veut à toute force que je danse aussi la bourrée, mais je me sens très gauche et mal à l'aise. De plus (je dois tout dire), on m'a donné pour danseuse la mère dudit *bourrasson*, et la malheureuse ressemble à une guenon, ni plus ni moins. J'ai une peur bleue d'entendre les cornemuseux s'interrompre pour crier, comme il arrive parfois : *Bigez vos dames !* c'est-à-dire « embrassez vos danseuses ! » Ce ne serait pas là un régal. J'échappe heureusement à ce danger, — mais dans la crainte d'être pris de nouveau, je me sauve. Je vais rejoindre Mme Sand que je viens d'apercevoir. Elle s'assied avec moi sur les marches de la croix qui se dresse au milieu de la place, et elle regarde danser ses petites-filles.

— En les voyant, il me semble, s'écrie-t-elle, que je revis ma vie, et cependant quelle différence d'éducation !... Quand nous avions leur âge, on nous laissait sortir par tous les temps, mon frère et moi. Nous passions des journées entières à courir à travers le bourg et la campagne, nous ne nous en portions pas plus mal; les rhumes étaient moins fréquents qu'à présent. Notre tendresse nous rend peureux pour nos petits, peut-être avons-nous tort.

La danse touche à sa fin, et tandis que la cornemuse soupire ses airs où domine le mode mineur, Mme Sand se lève. Je la suis, et nous nous acheminons vers un coin de la place que je n'avais point encore remarqué; c'est le cimetière.

Le cimetière est tout proche de l'église : son aspect n'est point triste du tout; c'est très recueilli, — très simple, — très calme.

Mme Sand me montre un grand if dont les branches abritent plusieurs tombes.

— C'est là-bas que j'irai dormir mon dernier sommeil, comme a dit Bossuet, s'écrie-t-elle en souriant, c'est là-bas que les miens m'attendent.

Et cette idée de la mort ne semble avoir pour elle rien de pénible, ni de cruel.

— Si je ne laissais point de tristesse après moi, reprend-elle doucement, cela ne me coûterait rien de partir.

... Voici la nuit, nous rentrons à la maison. Ce coup d'œil jeté sur les tombes a assombri mes idées.

Ce soir après la partie de dominos quotidienne, Mme Sand nous a dit : « Si vous le voulez bien, demain dans l'après-midi, nous nous réunirons ensemble au salon et nous lirons à la suite le *Philosophe sans le savoir* et le *Mariage de Victorine*. Perrin s'entête à faire jouer ces deux pièces le même soir; je suis curieuse de savoir ce qu'elles donnent à la lecture. Nous lirons chacun un acte à tour de rôle, Lina, Amic et moi, et Plauchut sera spectateur. »

Le lendemain, le programme annoncé est rempli de point en point. Nous voici tous autour de la grande table du salon. C'est Mme Sand qui commence à lire. On sent, en l'écoutant, la religieuse admiration que lui inspire l'œuvre de Sedaine. Mme Maurice lit ensuite, puis c'est mon tour. Quand arrive le quatrième acte, Mme Sand reprend, mais bientôt elle est forcée de cesser de lire, les larmes voilent ses yeux.

Nous la regardons tous les trois, un peu surpris, n'étant pas aussi fortement touchés.

Vient ensuite la lecture du *Mariage de Victorine*. — Alors la scène change, Mme Sand écoute impassible, et c'est nous qui pleurons. — Cette épreuve nous paraît avoir été favorable surtout au *Mariage*, — mais nous ne parvenons point

à persuader à son auteur qu'elle a surpassé
Sedaine : elle ne peut admettre que cela soit
possible. D'après elle, le *Philosophe sans le savoir*
est un chef-d'œuvre.

Après la lecture, au lieu de remonter travailler, nous jouons aux boules, au classique jeu
du « cochonnet ». Mme Sand y est très adroite :
sa petite main lance les boules avec une force et
une justesse qui surprennent. Les coups heureux
sont salués d'acclamations, et la maladresse est
traitée de façon tout autre.

... Ce soir, à dîner, Mme Sand me fait un plaisant reproche.

— Vous n'êtes pas assez gourmand, me dit-elle, mon cher enfant ; le goût est un sens qu'il ne faut point dédaigner, il nous procure des jouissances appréciables. Souvenez-vous que nous ne devons rien négliger de ce qui peut nous rendre la vie meilleure. L'odorat et le goût ne nous apportent que des sensations matérielles, je vous l'accorde, mais ces sensations ont leur prix, et c'est sottise ou manque de jugement, de délicatesse de palais ou de nez, que d'y demeurer insensible.

Mme Sand ne met point de sucre dans son café. — Jusqu'à mon premier voyage à Nohant, j'en mettais jusqu'au bord de ma tasse ; j'ai voulu faire comme elle et maintenant, je continue, convaincu que le sucre enlève au café la meilleure partie de son arome : — il m'a semblé que Mme Sand s'était réjouie de cette petite conversion.

Le jour de mon départ est venu. Le temps passe pour moi si vite, je jouis si pleinement du bonheur de vivre quand je suis ici, que je me sens toujours très douloureusement affecté quand je dois songer au départ.

... Je revois toujours ce cher grand salon, avec le piano à queue et le piano droit occupant le panneau du fond ; les deux superbes bergères Louis XVI tendues de cretonne, placées de chaque côté de la cheminée ; la grande table qui occupe le milieu de la pièce avec la chaise à large dossier placée tout au bout, semblable aux autres mais réservée spécialement à Mme Sand, et sur les murs, les portraits d'Aurore de Kœnigsmark, de Maurice de Saxe, de M. Dupin de Franceuil, de Maurice Sand, etc..., etc...

Quand je pars, je dis adieu à tout cela, et mes remercîments s'étendent des chers hôtes que j'aime tant aux objets qui les entourent.

. . . .

En revenant de Paris, je reçois un mot de Mme Adam qui m'invite à passer chez elle ; elle a, paraît-il, une communication à me faire. Je me rends tout de suite à son appel.

— Mon cher Amic, le hasard a fait tomber dans mes mains, me dit-elle, une très curieuse correspondance de Mme Sand qui remonte à 1830 et 1831, c'est-à-dire à une époque où elle n'écrivait point encore. J'ai juré que cette correspondance ne quitterait pas ma maison, mais je n'ai pas juré de ne point vous la montrer. Mettez-vous là et lisez. — Vous allez apprendre à connaître notre grande amie telle qu'elle était jadis, et je suis persuadée que vous vous étonnerez avec moi de la retrouver toujours la même. Quand je parle de Mme Sand à ses ennemis, car elle a des ennemis (ce qui prouve bien que les meilleurs de nous peuvent en avoir), ils me répondent invariablement : « Vous ne l'avez pas « connue quand elle était jeune. Ce n'est qu'avec

« l'âge que lui est venue cette sérénité du cœur
« que vous admirez tant. » Eh bien, mon cher
ami, quand vous aurez lu comme moi cette
correspondance, vous serez armé pour répondre à
ces gens-là. »

Je m'installe dans l'embrasure d'une fenêtre,
et c'est avec une émotion profonde que j'ouvre
ces précieuses lettres; elles forment tout un
volume, relié très simplement. — Cette correspondance est adressée à M. E. R., un ami intime
de Jules Sandeau.

Mme Adam n'avait rien exagéré. — On va, on
vient, on parle, on rit autour de moi, — je
n'écoute rien, je n'entends rien : la lecture de
ces lettres m'absorbe à un point que je ne puis
dire. Tout ce que dit G. Sand est empreint, non
pas de passion, mais de je ne sais quelle maternelle bonté. Elle n'est soucieuse que du mal qui
peut arriver à ce qu'elle aime. Son grand souci
est de conjurer tout danger, tout malheur
possible, et pour cela, — mais pour cela seulement, elle s'inquiète et se tourmente. L'argent
devient rare dans le ménage de garçon où elle
est allée se réfugier — à part la pension qui

lui est faite, elle n'a de ressource à attendre de personne. C'est alors que Mme Sand s'ingénie à chercher une occupation propre à l'aider à vivre. Elle songe bien à écrire, mais elle entrevoit mille difficultés auxquelles elle a peur de se heurter. Alors elle s'essaye à peindre sur bois, mais elle y renonce bientôt. Enfin, Jules Sandeau, qui signait alors Jules Sand, — commence un roman : *Rose et Blanche*. Malheureusement ou heureusement (je crois bien que c'est de ce second adverbe qu'il convient de se servir), Jules Sand tombe malade, alors que ce livre, qui lui est commandé, est en cours de publication ; George Sand prend sans hésiter la plume et termine brillamment le roman. — Ce fut là le point de départ de ses succès. *Indiana* et *Valentine* devaient suivre, puis *Lélia*.

... Mais revenons à la correspondance adressée à l'ami de Jules Sandeau ; malgré la joie des succès, elle se termine sur une note empreinte d'une très grande mélancolie. Le temps nous ouvre parfois les yeux plus qu'il ne le faudrait et la désillusion est cruelle. — Ce qui m'intéresse le plus dans ces lettres, c'est de retrouver la

Mme Sand que je connais d'accord de tout point avec elle-même. Elle m'apparaît rieuse, très dévouée, très simple, très modeste et surtout, on ne le dira jamais assez, maternellement bonne.

Je remercie Mme Adam de m'avoir donné cette correspondance à lire. Elle n'enlève rien à mon respect pour l'auteur de *Jacques* et de *Mauprat;* il me semble au contraire quelle y ajoute une note nouvelle. — C'est comme une sorte de sentiment de sécurité très doux. Mme Sand vient de m'apparaître telle que je m'imaginais qu'elle devait être autrefois. Je me sens heureux de la trouver aussi complètement d'accord avec elle-même.

XXI

Nohant, 22 décembre 1875.

Cher enfant, Plauchut nous arrive sans vous, nous espérions presque qu'il nous ferait la surprise de vous amener. Dans tous les cas, voici le temps qui passe et Noël qui approche. La présence de Plauchut met ces demoiselles et nous en révolution !... « *Et Amic ? Quand donc aurons-nous Amic ?* »

Plauchut nous dit que vous avez du souci à cause d'un ami. Je présume que c'est le même qui vous en a donné déjà, et qui vous en donnera toujours si vous le prenez trop à cœur. Tournez-vous vers les amis sûrs, et n'ayez pas l'ingratitude d'aimer trop les ingrats.

Nous comptons sur vous bientôt, c'est-à-dire bien vite. Nos fillettes s'imaginent que vous pourriez amener la petite sœur ; je leur dis que c'est un rêve, que la maman n'y consentirait pas, qu'elle serait inquiète parce qu'il fait trop froid pour voyager. A cela elles répondent que Blanche serait bien chaudement dans leur grande chambre qui est un dortoir à quatre lits : les leurs, celui de la bonne et celui que la petite mère occupe quand une des fillettes est indisposée. Elles disent enfin qu'avec un grand frère si raisonnable et si paternel, la maman ne serait pas inquiète. Enfin... enfin... elles espèrent quand même que c'est possible, et nous le voudrions bien !

Dites nos meilleurs compliments chez vous. Nous vous embrassons tous et vous attendons avec impatience.

GEORGE SAND.

Nohant, 22 décembre 1875.

Cher enfant, nous voilà au 22 ; venez-vous ? On vous appelle tous les jours au dessert et tous les matins au café. On prépare les marionnettes, toujours avec des nouveaux trucs. Moi, je me guéris tout doucement, car j'ai été malade, mais tout sera oublié quand vous serez avec nous. N'oubliez pas votre promesse, ces demoiselles n'y comptent pas moins que nous.

G. SAND.

22 décembre.

Je reçois votre lettre et je rouvre la mienne, pour vous montrer que nous vous attendions et que vous serez toujours le bienvenu. On se désole de penser que vous resterez si peu. Enfin, on tâchera de mettre le temps à profit, et Balandard hâte ses répétitions. Toute la famille vous attend et vous aime. Plauchut qui nous avait dit tous ses regrets de n'avoir pu vous joindre, se réjouit de vous voir. Je vous garde les épreuves de Flamarande *pour que vous puissiez lire le tout avant le public.*

A jeudi. Tous nos compliments affectueux à la famille.

XXII

Me voici à Nohant. Nous sommes aujourd'hui le 24 décembre ; la nuit prochaine est la nuit de Noël, et j'ai promis à mes parents de rentrer les embrasser à Paris le 1ᵉʳ janvier. J'enrage, à part moi, de faire ici un séjour aussi court.

Dès le premier instant où je la vois, Mme Sand se met à chercher avec moi un moyen de me garder plus longtemps près d'elle. Ne pas aller souhaiter la bonne année à ma mère, cela, je n'y songe même pas, alors que faire ?

— Si vous n'étiez pas trop indolent, trop

enfant gâté, me dit Mme Sand avec un bon sourire, il y aurait bien une façon d'arranger les choses.

— Laquelle ?

— Oh! ce serait très simple. Privez-vous, durant un mois, des répétitions du père Accolas. Beaucoup de jeunes gens font leur droit sans répétiteur, — faites comme eux, au moins momentanément.

— Pour rester ici, madame, je suis prêt à consentir à tout ce qu'il faudra, — tout ce qu'on voudra.

— En ce cas, ne nous désespérons point. Je vais écrire à votre mère, et je n'aurai pas grand'peine à lui persuader que, pour travailler, vous aurez ici plus de calme qu'à Paris. Vous irez embrasser tous les vôtres au premier de l'an, puis vous nous reviendrez le plus tôt possible. Durant ce temps, je vous ferai préparer le pavillon qui est au fond du jardin. Ce sera la mère Thomas, que nous appelons ici communément la Thomate, qui fera votre ménage, et vous aurez pour travailler tout le silence et la tranquillité nécessaires, car nous empêcherons les enfants et Plauchut d'aller vous déranger. — Si vos parents disent : oui, — et je l'espère, — je serai bien heureuse.

... Et moi donc !

. . . .

Ce soir, avant le réveillon, grande distribution des cadeaux au théâtre Balandard. Cette année, je donne à Mme Sand un cache-pot de Deck en forme de trépied, contenant un cycas. En entrant dans la salle des marionnettes, j'aperçois le vase en question placé derrière la toile de l'ancien théâtre de Nohant.

Lorsque les esclaves verts qui ont hérité de la couleur verte parce qu'ils sont nés aux îles du Cap-Vert (explication pleine de logique donnée par Balandard), annoncent qu'ils vont apporter à Mme Sand le cadeau de H. Amic, on entend dans la coulisse un grand patatras, accompagné d'un bruit de porcelaine cassée. Mme Sand croit que c'est un accident véritable, elle songe à l'ennui que j'en pourrai avoir et elle en est tout attristée. Par bonheur, j'ai de bons yeux ; comme j'aperçois le vase, je ne suis point autrement ému.

Le tour que M. Maurice a voulu me jouer n'a point réussi ; je rassure sa mère.

Un instant après, les esclaves verts m'apportent un écrin de la part de George Sand. Je l'ouvre et j'y trouve une bague chinoise ancienne, d'une forme à la fois très originale et très rare. Avant que j'aie pris le temps de la remercier :

— J'ai longtemps porté cette bague, mon enfant, me dit Mme Sand, et elle ne m'a jamais gênée ; je pense qu'il en sera pour vous de même ; il ne faudra point la quitter...

Ces paroles-là doublent pour moi le plaisir que j'ai d'avoir ce bijou que je porterai toujours.

... Nous parlons de Gambetta.

J'ai rencontré cet hiver Gambetta, chez Mme Adam, et sa nature à la fois simple et puissante m'a conquis à première vue. Mme Sand ne l'aime pas ; je le sais. Elle a écrit contre lui de cruelles pages dans son *Journal d'un voyageur pendant la guerre*. Je m'efforce, autant que je le puis, de la faire revenir sur la sincérité de son jugement.

— Peut-être me suis-je laissé un peu emporter, me dit-elle, c'est possible. Que voulez-vous, je sentais si bien que cette résistance à outrance n'aboutirait à aucun résultat, qu'elle était inutile, insensée, que j'en étais arrivée à être tout à fait exaspérée. Cette lutte désespérée me semblait empreinte de folie plus encore que d'héroïsme. Et puis, il faut bien que j'en convienne, beaucoup de mes amis jeunes et vieux combattaient soit à Paris, soit en province dans l'armée de la Loire. Je sentais qu'ils pouvaient être frappés et que leur mort ne servirait à rien. Quand on est vieux, voyez-vous, mon enfant, on ne se paye plus ni de mots, ni de phrases creuses. Les proclamations de Gambetta ne m'ont jamais satisfaite. J'ai toujours trouvé que les mots de liberté, d'honneur et de patrie venaient trop aisément sous sa plume ou sur ses lèvres. On ne doit parler, selon moi, de ces grands sentiments que d'un ton très recueilli, d'un cœur profondément ému. Il ne convient pas de frapper sur eux à tout propos, sans raison, pour conquérir les suffrages de la foule : en agissant ainsi, on risque fort d'en diminuer la grandeur et même de les profaner.

Je n'ose pas tenir tête à Mme Sand, d'autant que ce qu'elle me dit est vrai, je crois, en thèse générale. Je demeure convaincu pourtant que si elle connaissait Gambetta, elle le jugerait tout autrement. Il possède la plus grande de toutes les séductions : la bonté.

... J'entendis un jour Gambetta dire à Mme Adam. « Si Mme Sand m'avait connu, je suis sûr que nous aurions été très vite bons amis : nous étions faits pour nous entendre : elle m'aurait bientôt appelé son fils. »

Je crois que Gambetta avait raison.

XXIII

Balandard a commencé les représentations d'une féerie tout à fait extraordinaire : *Castagnet le subtil*. Cette pièce étant de haute importance sera donnée en plusieurs soirées. Le sujet en est très attachant. Il s'étend de la réalité (Castagnet est un simple bûcheron) au temps héroïque de la chevalerie avec la guerrière Marphise et le belliqueux Roland, en passant par le fantastique avec les deux ogres (dont mon cher Oski, un monstre adorable que je ne puis regarder sans rire), la guivre, un sorcier qui *riboule* des yeux terribles, les trois parques, et, finalement, le diable et l'enfer ! C'est là que tous les méchants sont jetés dans une immense chaudière où ils doivent bouillir longuement, dans l'éternité.

Portrait de Balandard.

Ce qui est curieux dans cette féerie que je ne puis entreprendre de raconter par le menu, c'est qu'à côté de plaisants enfantillages inventés pour amuser Aurore et Gabrielle, on y trouve de délicieuses scènes d'un sentiment philosophique très pénétrant. C'est ainsi que le pauvre gentil Castagnet, grâce à la simplicité de sa nature et à la bonté de son cœur aimant, arrive à déjouer tour à tour tous les maléfices et les enchantements qui l'enserrent.

A déjeuner et à dîner il y a des luttes terribles ; chacun tient pour un personnage.

Mme Maurice fait des vœux pour Roland, M. Plauchut brûle d'amour pour Marphise, et Mme Sand, Aurore et moi nous ne rêvons que de Castagnet.

M. Maurice nous écoute nous disputer : il rit sous cape, lui seul sait qui l'emportera.

. . . .

Lors de mon dernier voyage, j'avais apporté à Nohant, sur le conseil du père Accolas, l'*Histoire de la création naturelle*, par Hœckel.

Hœckel est un disciple de Darwin. Il explique la création par le transformisme. Le chevalier de Lamarck, un Français et après lui Gœthe, ont été, comme chacun le sait actuellement, les précurseurs de ces idées philosophiques auxquelles Darwin a attaché son nom.

Le livre d'Hœckel est très clair. Je trouve son système très ingénieux, très raisonnable même, mais cela gêne mes croyances, cela bouleverse toutes mes idées.

Admettre que le principe de vie a pu passer insensiblement du minéral au végétal et du végétal à l'animal, réunir ainsi les différents règnes de la création, n'est-ce pas se mettre dans l'impossibilité de nier après cela que l'homme est né de l'animal? — Je me sens pris et comme serré par cette puissance de déductions. La création expliquée par Hœckel peut être comparée à une chaîne d'anneaux non interrompue.

M. Maurice a dévoré ce livre, dont il se déclare très enthousiaste. Sa connaissance des sciences naturelles, doublée de son jugement et de sa raison, lui fait admettre comme vraies les propositions émises par le philosophe allemand.

M. Plauchut, lui, n'a pas lu Hœckel, il s'est contenté de s'indigner à la seule pensée de voir supposer, comme étant ses ancêtres, les poilus habitants des hauts cocotiers.

Mme Maurice a lu l'*Histoire de la création naturelle*, la plume à la main. Ce livre l'a vivement intéressée, et elle n'est pas éloignée de partager les idées qui y sont professées. Mme Sand ne dit rien.

Moi, je l'avoue, mon esprit flotte. Ma raison

est tourmentée par la passion de la vérité et cependant je ne puis prendre parti.

Mme Sand s'aperçoit bien que je suis préoccupé, ébranlé, troublé dans mes jeunes croyances, mais elle ne parle toujours point. Ce soir seulement, au moment de regagner nos chambres, tandis que nous montons lentement les marches du grand escalier de pierre, tenant chacun à la main notre bougeoir allumé :

— Je ne vous comprends pas, mon cher enfant, me dit-elle, vous me paraissez tout désorienté, tout éperdu, parce qu'un savant, un philosophe allemand, vient de faire paraître un volume où il donne une explication très ingénieuse et très plausible de la création naturelle; je ne vois pas vraiment en quoi cela peut atteindre votre foi. Que la force surhumaine, le créateur, que nous appelons Dieu, ait créé le monde en sept jours, comme le veut la Bible (ce qui d'ailleurs n'est qu'une figure), ou bien, qu'il ait mis dans un atome, si petit soit-il, la force de se développer et de devenir successivement les pierres, les mousses, les fleurs, les arbres, les poissons de la mer, les oiseaux du ciel, les animaux et l'homme tout ensemble ; croyez-vous réellement, mon enfant, que cela ait grande importance et trouvez-vous son œuvre moins admirable parce que la naissance de cette œuvre vous est différemment expliquée ? Allez, croyez-moi, le mystère qui plane au-dessus de la création du monde est toujours le même. C'est la force d'où vient toute chose qu'il faudrait définir, pour que l'éternel problème fût enfin résolu. Mais le soleil qui éclairera ce jour-là n'est point près de se lever : il ne brillera jamais. Gardez donc votre croyance enfermée dans votre âme, comme en une forteresse sacrée, et ne permettez pas au doute de s'y glisser.

Nous sommes au haut de l'escalier. Je baise la main de Mme Sand qui très affectueusement me dit : « Bonsoir, mon cher enfant. » Et elle disparaît, tranquille. Elle a rendu la paix à mon esprit, sans avoir l'air d'y prendre garde.

... Le lendemain je quitte Nohant, je pars, sans regret cette fois. Je dois retourner ici sous très peu de jours : le temps d'aller à Paris et de revenir, pas plus.

. . . .

Nohant, 3 janvier 1876.

Cher enfant, nous sommes un peu inquiets de ne pas avoir reçu un mot de vous pour nous dire si vous avez trouvé vos chers parents en bonne santé. Nous craignons que votre père ne soit souffrant. Rassurez-nous en arrivant vite. Mais si vous avez trop peu de temps pour faire ce que vous avez à faire à Paris, sachez que le théâtre Balandard n'a pas joué au jour de l'an, Lolo ayant été malade ce jour-là, et on vous attend pour jouer la suite. Donc il n'y aura pas de lacune dans vos émotions; vous pouvez donc prolonger d'un jour ou deux. Maurice tient à vous avoir et il modérera son impatience d'accoucher de tous ses monstres.

Munissez-vous de tous les livres nécessaires; il s'agit de travailler et, tout en nous amusant le soir, nous vous donnerons l'exemple dans le jour.

Renouvelez nos tendresses et remerciements à vos chers parents, mais n'apportez plus rien, car nous sommes comblés par eux et par vous. On vous aime et on vous embrasse de cœur en chœur.

G. SAND.

XXIV

Quand je songe que je vais aller passer près d'un mois là-bas, je sens mon cœur sauter de joie. Je ne compte plus mes voyages en Berry à présent et pourtant, je ne suis nullement blasé, c'est tout le contraire. Il en est de même lorsque je reçois une lettre de Mme Sand. J'ai comme un plaisir physique à toucher du doigt l'enveloppe sur laquelle elle a tracé mon nom.

... J'arrive à Nohant par un froid sec, mais qui pince dur. Je trouve dans le pavillon où je dois habiter un grand bon feu qui m'attend. Il est très pittoresque, ce pavillon, tout vêtu de lierre, dont les fenêtres donnent sur la route qui conduit de Châteauroux à la Châtre. Toute la maisonnée m'accueille avec une joie si sincère qu'en y mettant un peu de bonne volonté, seulement un peu, je puis croire que je suis vraiment un enfant de la maison. Les chiens eux-mêmes fêtent ma venue. Fadet se frôle contre moi en frétillant de la queue et Lisette (la chérie de Gabrielle), plus démonstrative, bondit de droite et gauche en poussant de petits cris joyeux qui ont quelque chose d'humain.

... Je demande à Mme Sand des nouvelles de Rollinat.

— Ne m'en parlez pas, me dit-elle, je l'ai fâché sans le vouloir.

— Comment cela ?

— Voici l'histoire. Je savais que le pauvre garçon était pressé d'argent, et qu'il attendait impatiemment le prix d'un article paru dans le *Temps* depuis déjà plusieurs semaines, du reste il nous l'avait dit à tous. Comme j'ai un compte avec Hébrard relatif aux variétés que je lui donne le Mercredi, je me suis permis d'avancer à Rollinat ce qui lui était dû en ajoutant que j'étais chargée par le journal de lui faire passer cette petite somme. C'était un mensonge, c'est vrai, j'en conviens, seulement, je vous l'avoue, je pensais que le motif qui me faisait agir me ferait absoudre, une fois la vérité découverte. Eh bien ! pas du tout ! Mon Rollinat prétend que je n'avais pas le droit de me suppléer à lui, qu'il ne m'y aurait autorisée sous aucun prétexte, et qu'en lui faisant cette avance, j'ai porté atteinte à sa dignité.

— Eh! quoi, c'est ainsi qu'il vous a remerciée de votre délicatesse?

— Que voulez-vous, mon cher enfant, quand les gens sont fous, il faut leur pardonner, ce n'est pas leur faute. Pauvre Rollinat, si je lui ai fait de la peine, c'est bien involontairement.

. . . .

Aujourd'hui le temps est beau, le soleil brille et le froid s'est radouci. Mme Maurice, ses filles et moi, nous en profitons pour aller faire une grande course à travers la campagne. C'est plaisir de voir ici les dindons et les oies se promener seuls sur les chemins aussi bien qu'à travers champs. Les maraudeurs doivent être bien rares dans cette contrée bénie du Berry, car les paysans n'ont guère de défiance.

Nous entendons un coup de fusil et les aboiements d'un chien.

— Taïaut!... taïaut!... s'écrie Aurore, c'est au moins la meute de Plauchut.

— En effet, c'est bien lui. Nous l'apercevons ainsi que son chien. Ne trouvant pas de gibier, il vient de tirer sur une pie posée sur le faîte d'un chêne étêté. Il l'a tuée, nous dit-il, mais si bien, qu'au lieu de dégringoler de branche en branche, elle est restée sur le sommet de l'arbre.

Mes petites amies et Mme Maurice refusent de croire M. Plauchut pour le taquiner. J'aperçois la pie et je grimpe la chercher, au grand étonnement d'Aurore et de Gabrielle.

— Amic, me dit en riant Mme Maurice, il me restait un doute, vous venez de le faire disparaître. L'homme descend du singe, c'est sûr. Autrement vous, un homme des villes, vous n'auriez jamais su monter à l'arbre comme ça, c'est de l'atavisme.

Nous rions bien de cette boutade, et nous revenons tous ravis de notre promenade.

. . . .

— Il y eut un temps, me dit Mme Sand, où nous ne rêvions les uns et les autres que de nous faire des farces. Un jour, un de mes hôtes accoutumés, L..., ayant la fâcheuse habitude de n'être jamais exact à l'heure des repas, je voulus à la fois lui faire une farce et lui donner une leçon. L'exactitude est, à mon avis, l'*a b, c* de la politesse. — A l'époque dont je vous parle, je n'avais pas encore pris le parti de me faire servir dans ma chambre ; je déjeunais avec mes enfants. — Voici ce que j'imaginai : au lieu de se mettre à table à onze heures et demie, c'est-à-dire à l'heure ordinaire, on s'y mit une heure avant, puis après, je donnai ordre de remettre le couvert comme si nous n'avions point déjeuné. — Mon retardataire ordinaire descend de sa chambre à midi moins dix : il nous trouve tous au jardin.

— Bonjour, Mme Sand, avez-vous bien dormi ?

— Parfaitement, mon enfant, et toi ?

— Moi aussi. Est-ce qu'on ne va pas bientôt manger ? J'ai une faim de loup !

— Tiens, pas moi.

Même question à Maurice, et toujours même réponse : « Tiens, pas moi ! » Sans rien nous dire, L... s'en va à la cuisine. Les domestiques avaient naturellement reçu le mot d'ordre : Est-ce qu'on ne va pas bientôt servir, Justine ?

— Mais si, monsieur, tout de suite.

Mais L... voyait très bien que personne ne se pressait, il était tout près de se mettre en colère.

Enfin, à une heure, j'eus pitié de lui : « Après tout si nous n'avons pas faim, lui dis-je, d'un air un peu moqueur, il y a peut-être bien une raison à ça, c'est qu'il y a beau temps que nous sommes sortis de table. Maintenant, on va te servir. J'ai voulu te montrer qu'il n'était pas amusant d'attendre, et je crois que j'ai réussi. »

— Je ne pensais pas si bien dire. La leçon ut profitable : jamais à partir de ce jour L... ne fut en retard, seulement je crois que le souvenir de cette farce l'a fait rager longtemps.

. . . .

— Eh bien, mon enfant, me dit ce soir Mme Sand, travaillez-vous bien ? Dépêchez-vous vite de passer vos examens. Voici le mois de janvier qui touche à sa fin et vous allez déjà penser à nous quitter ; — encore une fois hâtez-vous ! Quand vous aurez fini d'étudier votre droit et que vous serez reçu avocat, comme vos parents le désirent, rien ne vous empêchera de venir vous installer ici. Alors nous ferons ensemble de bonne besogne ; nous vous meublerons la tête de toutes les connaissances nécessaires à qui veut écrire. — Il faut travailler, voyez-vous, le travail est la raison d'être de l'homme. — Je vais plus loin, je m'imagine que c'est seulement par le travail et par la solidarité que peut et que doit être résolu, mon cher enfant, le grand problème de la question sociale.

« J'ai vécu dans un temps troublé où toutes
« les utopies semblaient réalisables. Nous avions
« soif de l'absolue justice et nous appelions de
« nos vœux la fin de la misère. Les pauvres et
« les déshérités tendaient alors vers nous leurs
« bras désespérés et nous nous faisions l'écho
« de leurs plaintes. L'égoïsme féroce de l'esprit
« bourgeois nous révoltait, et, la revendication
« des droits du pauvre nous semblait un devoir.
« Maintenant, le jour s'est fait, l'apaisement est
« venu, — du moins les choses me paraissent
« ainsi.

« La Commune, ce drame à la fois sanglant
« et odieux qui s'est greffé sur la guerre a dessillé bien des yeux. A l'heure présente, je crois
« que la question sociale ne peut être résolue
« que par l'association volontaire ou la solida-
« rité, comme je vous le disais tout à l'heure.

« Ce qui est triste, voyez-vous, c'est que ceux

« qui souffrent n'ont généralement pour les
« guider que des gens sans cœur et sans cons-
« cience, des misérables qui se servent d'eux pour
« satisfaire leurs ambitions, quitte à les aban-
« donner après, des lâches qui les envoient se
« faire tuer et qui se cachent, des menteurs qui
« les leurrent de rêves impossibles et qui les aban-
« donnent sans pitié et sans remords quand
« sonne l'heure du danger. — En ai-je vu de
« ces hommes-là ! — Tenez, Félix Pyat : celui-
« là est Berrichon. Je le connais depuis 1848
« et même avant. Ce misérable a joui parmi
« les humbles d'une longue popularité, et cepen-
« dant son odieux caractère ne s'est jamais un
« seul instant démenti. Jeune, c'était déjà un
« mauvais cœur, un *chti gas*, comme on dit
« ici : la vieillesse n'a fait moralement que l'en-
« laidir encore. — Après le bateau de charbon
« qui l'aida à se sauver aux journées de Juin, la
« fuite de la Commune ; tout cela est d'accord,
« — c'est toujours la même lâcheté. — Et
« Blanqui ?... quel homme aussi que celui-là !...
« Quand on compare ces individus à Armand
« Barbès, il semble vraiment qu'on quitte la

« boue pour le ciel ! — Le tort de Barbès, et
« celui de quelques autres, c'est d'avoir cru que
« les temps étaient venus, c'est d'avoir espéré
« réaliser sur l'heure un état de choses qui ne
« sera réalisable qu'avec les années, — dans
« bien des années.

« Peut-être verrez-vous ces choses, mon en-
« fant, vous vivez à une époque fertile en idées
« et les idées amènent les événements. — En-
« core une fois, travaillez ; il ne devrait être
« permis à personne de se croiser les bras dans
« la ruche humaine.

. . . .

Sur le conseil de Mme Sand, je viens de lire
la Tentation de saint Antoine, de Gustave
Flaubert. — Ce livre m'a dérouté. J'y ai trouvé
une connaissance très sérieuse et approfondie de
toutes les religions anciennes et modernes ; j'ai
admiré leur défilé superbe à travers la magie
d'un style ciselé de façon incomparable ; j'ai
bien compris en outre que le prestigieux auteur
de *Salammbô* avait eu l'idée de mettre sous
nos yeux tout ce que ces dogmes religieux pouvaient avoir d'exagéré, et même de monstrueux,

mais je n'ai pu m'expliquer raisonnablement ce que saint Antoine avait à faire avec tout cela.

J'imagine que le brave ermite n'en cherchait point si long.

Je fais part à Mme Sand de mon impression.

— Ce que vous me dites ne me surprend point, me répond-elle; j'ai prié, supplié Flaubert de mettre en tête de son livre un avertissement à ses lecteurs. Il n'a jamais voulu y consentir, et quand il a une idée dans la tête celui-là, ce n'est pas facile de la lui ôter. A l'entendre, son saint Antoine n'a besoin d'aucun commentaire. Ceci dit : débrouillez-vous. — Le malheur est que ce livre n'a pas été compris : c'est un insuccès de librairie, *un four*, comme on dit vulgairement. Et mon pauvre Flaubert qui prétend s'en moquer, s'en affecte. — Il me fait l'effet de ces enfants qui lorsqu'on les prive de dessert, murmurent entre leurs dents : « Oh! ça m'est bien égal ! »... avec des larmes dans les yeux. Vous ne connaissez pas Flaubert? Si vous saviez quel cœur il a, quelle nature généreuse, et avec cela, quelle conscience littéraire !... Personne ne porte plus haut que lui le respect de sa plume. Il se torture à force de vouloir bien faire : on dirait réellement qu'il se rend malheureux à plaisir. Et moi, comme je l'aime beaucoup, j'en rage.

Tout d'un coup, s'interrompant : « Avez-vous lu : *l'Education sentimentale?* C'est un des plus beaux livres de notre temps. On ne peut reprocher à ce roman que son titre. — En voyant ce titre *l'Education sentimentale*, bien des femmes ont cru que c'était là un traité d'éducation, quelque chose comme l'*Emile*, de Jean-Jacques et elles se sont bien gardées de l'ouvrir. — Flaubert le sait et il en a ri, — mais il en a ri, comme dit l'autre, de peur d'en pleurer, car cela a nui à la vente de son livre.

... Un instant après, Mme Sand ajoute : « Croyez-moi, mon enfant, écoutez toutes les critiques qui vous seront adressées. Dans une opinion sincèrement exprimée par un être intelligent il y a presque toujours une parcelle de vérité. Il faut vous appliquer à la découvrir. »

... Mme Sand me parle un peu après du désir

qu'elle a d'avoir un petit chien qui ne la quitterait jamais.

. . . .

Voici le mois de janvier terminé.

Je m'en vais, le cœur gros, et je maudis tout bas, mais du fond du cœur, tous les codes qui me privent du bonheur de rester ici.

XXVI

Nohant, 4 février 1876

C'est toujours un gros chagrin quand vous partez, cher enfant, mais on ne veut pas vous le dire quand l'heure est venue. On ne veut pas gâter la joie que vous éprouvez à revoir vos parents. Nous rions avec vous jusqu'au dernier moment, et puis on est tout triste et comme surpris quand on ne vous voit plus.

GEORGE SAND.

Nohant 1ᵉʳ mars 1876

Cher enfant, nous sortons des folies du carnaval des joies de la noce de Justine; danses, cérémonies rustiques, déguisements, que sais-je ?... Nos petites se sont amusées en conscience, mais en disant à chaque instant que si vous étiez là vous vous amuseriez aussi et qu'elles s'amuseraient encore plus. J'ai fait tout ce qu'elles ont voulu. Je me suis costumée en Turc avec un faux nez et en Pierrot avec la figure enfarinée. Je les ai fait danser jusqu'à extinction. Maurice s'est déguisé aussi, Lina, Plauchut en bébé avec un fourreau de papier rose, un bourrelet et une bavette : il était hideux.

Le matin on court dans le jardin sur un tapis de violettes invraisemblable; il y en a partout. Le pré, le bois, le sable des allées en sont jonchés et elles embaument. Les abricotiers fleurissent, et malgré de fréquentes giboulées et de grosses bourrasques, il fait chaud et nous avons des heures de beau soleil.

Ne pourrez-vous pas prendre un petit vol de quelques jours à la mi-carême? Ces demoiselles projettent déjà une mascarade, et le jardin se couvre de narcisses, de jacinthes et de perce-neiges. Nous n'osons pas vous en envoyer parce que c'est porter de l'eau à la rivière.

Votre belle plante n'a pas quitté le salon, et elle se porte bien. Moi aussi malgré une existence qui res-

semble pas mal à la sienne quant à l'immobilité, mais le cœur reste vivant et vous chérit ainsi que vos bons parents auprès desquels ne nous oubliez jamais.

G. SAND.

Justine est mariée, mais elle reste chez nous et la table ne périclitera pas. Maurice et Plauchut vous envoient de fortes poignées de main.

. . . .

Nohant 6 mars 1876.

Cher enfant, on m'écrit aujourd'hui que Victorine se joue demain aux Français, si bien que, pour y assister, il me faudrait partir ce soir ou demain matin, ce qui ne m'est pas possible. Mais on ne me propose pas une seule place pour moi ou mes amis, et il ne semble pas que pour une reprise, l'auteur ait le droit d'en réclamer à ce théâtre. Je comptais que, comme partout, on mettrait ce qu'on appelle un service, c'est-à-dire un certain nombre de places à ma disposition et qu'on me donnerait le temps de les dis-

tribuer. Je ne pouvais rien prévoir, les répétitions durent depuis six mois et je suis avertie la veille.

Tâchez d'y aller quand même, pour me rendre compte de la représentation.

J'espère bien que M. Perrin me donnera pour la deuxième ou troisième représentation une loge que je pourrai offrir à vos parents.

Je vous embrasse en courant, il faut que j'écrive à tous mes amis.

G. SAND.

J'écris quand même un mot à M. Perrin pour le prier de vous envoyer demain une loge. Mais Plauchut me dit, qu'à cause du mardi, il ne pourra me satisfaire.

Je donne votre nom et votre adresse à M. Perrin, si vous y alliez, vous seriez peut-être servi.

. . . .

Nohant 10 mars 1876.

Quel beau bouquet, mon cher enfant ! C'est une merveille de fraîcheur et un parfum ! Et votre bonne longue lettre me met bien au courant. Merci mille fois. Je suis heureuse d'avoir donné à vos parents et amis deux heures de satisfaction sympathique. Je reçois de M. Perrin, de Mlle Baretta et de ceux de mes amis qui se trouvaient là, les mêmes assurances que les vôtres. Grand succès de pièce et d'acteurs.

Je n'aurais pu me rendre à mon poste d'auteur, je suis souffrante ces jours-ci. Ça passera comme toujours! Le temps est affreux et ma Lolo est reprise de maux de tête; mais pas au point d'avoir perdu sa bonne mine et son appétit de pierrot. Elle travaille très bien à présent, et je travaille aussi malgré mes bobos. Vous verrez bientôt dans le Temps un long travail de moi sur les marionnettes et un spécimen de Maurice que vous connaissez, je crois : Jouets et mystères. Mon histoire des marionnettes vous amusera, vous qui êtes initié. Je ne sais si elle amusera les autres lecteurs. Charles Edmond assure que oui, et n'en veut rien retrancher. J'écris à Perrin pour le remercier de vous avoir placés au dernier moment. J'aurais été désolée qu'il ne le fît point. Je vous embrasse tendrement pour moi et tout Nohant.

G. Sand.

Quoique pressée, il faut pourtant que je vous raconte une histoire. Vous vous rappelez le Chien et la

Fleur sacrée ? (deux contes de Mme Sand à ses petites-filles). *Un jeune voyageur m'écrit de Pagan que comme il était là le 20 janvier dernier, visitant les ruines, son interprète lui a remis le numéro de la* Revue des Deux-Mondes ; *qu'en l'ouvrant, il a vu les noms de* Pagan *et d'*Iraouady *lui sauter aux yeux, et qu'il a failli devenir fou en lisant cette histoire sur le théâtre même où elle se passe. Il voyageait en barque sur le fleuve et il m'envoie des feuilles de roses, qui embaument par parenthèse, et qu'il a cueillies sur les bords de l'Iraouady. Je ne connais pas ce voyageur, sa lettre très descriptive est très bien tournée et intéressante. Il paraît que de mon côté j'ai été très fidèle dans ma peinture du pays.*

Et le droit ? Travaillons-nous ? Le père Cocolas est-il revenu au calme et à ses élèves ?

. . . .

Nohant, 16 mars 1876.

Cher enfant, je vais toujours couci-couci, et il ne fait pas assez beau pour que je quitte mon nid. J'espère que les beaux jours viendront avant que Victo-

rine *quitte l'affiche. On m'écrit que les recettes sont très belles, mais ce qui m'attirera encore plus à Paris, ce seront mes amis et la joie de voir votre famille et vous.*

Travaillez-vous, mon enfant ? Moi j'essaie, c'est le temps qui me manque. Ma Lolo m'en prend beaucoup. Je ne m'en plains pas, elle apprend bien, à sa manière, et son esprit fait des progrès réels. Quant au cœur, je n'ai rien à y mettre que Dieu n'y ait déjà mis. Elle me soigne et me dorlote avec un entrain qui part d'une véritable affection éclairée par l'idée de dévouement. Nous parlons bien souvent de vous : Titite vous adore aussi.

Maurice est encore en progrès dans son riant travail. Depuis qu'il est décidé à publier, il nous fait des pièces de plus en plus jolies, et chaque fois on regrette que vous n'y soyez pas.

Tout le monde vous embrasse et vous aime. Ecrivez-nous souvent.

George Sand.

XXVII

L'étude du droit ne me semble point nécessaire au but que je poursuis. La science juridique ne me paraît avoir qu'un rapport éloigné avec la littérature. J'écris à Mme Sand je lui fais part de mes doutes; je lui dis le peu que je sais et tout ce que je voudrais apprendre. Je lui demande enfin son conseil et son appui.

Nohant, 20 mars 1876.

Cher enfant, donnez-moi deux ou trois jours pour vous répondre. J'écris à votre mère, je veux savoir si elle tient particulièrement au genre d'étude que vous devez faire et pourquoi elle y tient. Ce qu'il y a de certain, c'est qu'il faut travailler et que tout travail que vous entreprendrez aura ses débuts arides et très durs : ce qui est certain encore, c'est que se rebuter est une faiblesse de l'esprit et du caractère, et qu'on risque de se rebuter une seconde fois et même une troisième quand on se l'est permis une première fois. Votre lettre me chagrine, je vous croyais plus courageux. Enfin, je ne dis rien encore. Laissez-moi consulter vos parents, car votre bonheur dépendra toujours d'une parfaite unité de vues avec ceux qui vous aiment par-dessus tout, et je vous donnerais un très mauvais conseil si je vous disais de vous isoler dans vos décisions.

A bientôt. Patientez. Tout le monde ici vous aime et vous embrasse

G. Sand.

. . . .

— La lettre qui suit me fut remise ouverte par ma mère. Mme Sand la lui avait adressée directement :

Nohant, 27 mars 1876.

Mon enfant, j'ai réfléchi à votre découragement ; vrai, je ne l'approuve pas. J'ai beau retourner dans mon esprit les raisons que vous me donnez, je ne leur trouve aucune valeur sérieuse. Est-ce que vous êtes paresseux ? Non, c'est impossible, puisque vous avez du cœur et de l'intelligence. La paresse est une impuissance, une infirmité d'âme pauvre, et vous avez justement l'âme grande. Non, vous ne reculez pas devant l'aridité inévitable des commencements. Vous faites de la critique, et vous vous forgez un autre idéal, votre critique ne tombe pas juste. Vous dites que la théorie et la pratique du droit se contredisent, supposons que ce soit vrai ! Raison de plus pour savoir la théorie du droit et connaître l'histoire de cette théorie dans l'esprit humain. C'est l'histoire de l'homme civilisé sur la terre, que vous dédaignez d'apprendre, et vous croyez que vous pouvez devenir un bon écrivain en décidant d'avance que vous voulez l'ignorer, mais c'est vouloir supprimer en vous votre raison d'être. — Ne vous ai-je pas dit plusieurs fois que cette ignorance était une des misères de ma vie, non pas seulement comme être civilisé et agissant, mais comme écrivain et artiste. Il y a là pour moi une porte fermée : on vous l'ouvre toute grande et vous refusez d'entrer, quand vous avez la jeunesse, c'est-à-dire la facilité, la mémoire et le temps !

Oui, le temps, enfant gâté que vous êtes, vous vous plaignez d'une vie trop mondaine, à qui la faute ? On vous distrait parce qu'il vous plaît de vous laisser distraire Quand on veut s'enfermer, on s'enferme :

quand on veut travailler, on travaille au milieu du bruit, il faut même s'y habituer comme on s'habitue à dormir à Paris au milieu du roulement des voitures.

Vous voulez être littérateur, je le sais bien. Je vous ai dit : vous pouvez l'être si vous apprenez tout. L'art n'est pas un don qui puisse se passer d'un savoir immense, étendu dans tous les sens. — Mon exemple vous est pernicieux peut-être. Vous vous dites : voilà une femme qui ne sait rien et qui s'est fait un nom et une position. — Eh bien, cher enfant, je ne sais rien, c'est vrai, parce que je n'ai plus de mémoire, mais j'ai beaucoup appris, et à dix-sept ans je passais mes nuits à apprendre. Si les choses ne sont pas restées en moi à l'état distinct, elles ont fait tout de même leur miel dans mon esprit.

Vous êtes frappé du manque de solidité de la plupart des écrits et des productions actuelles. Tout vient du manque d'étude. Jamais un bon esprit ne se formera s'il n'a pas vaincu les difficultés de toute espèce de travail, ou au moins de certains travaux qui exigent la tension soutenue de la volonté.

On sonne le dîner. Je veux que ma lettre parte ce soir. Je la reprendrai demain et je vous embrasse *aujourd'hui en vous suppliant de faire un grand appel à vous-même avant de dire ce mot honteux : Je ne peux pas.*

G. Sand.

Nohant, 28 mars 1876.

Cher enfant, je vous ai écrit hier en courant, j'étais en retard, ne vous ai-je pas fait de la peine? J'en suis toute triste aujourd'hui. Tout cela est dur, mais vous comprenez que je vous parle comme si je vous avais mis au monde. J'en ai bien dit d'autres à Maurice quand il avait les langueurs et les irrésolutions de votre âge. Il m'a écoutée, il en a rappelé. Il s'est bien trouvé d'être un homme tout en restant un artiste. C'est là la grande question. Vous avez les instincts et les goûts de l'art, mais vous pouvez constater à chaque instant que l'artiste purement artiste est impuissant, c'est-à-dire médiocre ou excessif, c'est-à-dire fou. Vous n'avez pas été poussé dès l'enfance par des instincts spéciaux et une direction exclusive à être peintre ou musicien. S'il vous fallait entrer à fond dans ces études, elles seraient aussi ardues que le droit et demanderaient même beaucoup plus d'heures de travail. Vous auriez devant vous dix ans de pioche avant d'être productif.

Les études naturelles vous seront très bonnes, nécessaires même si vous êtes écrivain, mais Maurice, qui a le travail facile et persévérant et la mémoire excellente, a passé douze ou quinze ans avant d'être sûr de quelque chose, et il lui a toujours manqué pour être pratique, comme il le voudrait, la grande base des mathématiques.

Je vois bien que vous croyez pouvoir produire sans avoir amassé. Je vous ai rabâché, je vous rabâche que, pour faire un peu de miel, il faut avoir sucé toutes les fleurs de la prairie. Vous croyez qu'on s'en tire avec de la réflexion et des conseils. Non, on ne s'en tire pas. Il faut avoir vécu et cherché. Il faut avoir digéré beaucoup, aimé, souffert, attendu, et en piochant toujours! Enfin, il faut savoir l'escrime à fond avant de se servir de l'épée. Voulez-vous faire comme tous ces gamins de lettres qui se croient des gaillards parce qu'ils impriment des platitudes et des billevesées! Fuyez-les comme la peste et ne leur ressemblez en rien. Ils sont, pour le coup, les vibrions de la littérature, ceux-là!... Non, non, l'art est une chose sacrée, un calice qu'il ne faut aborder qu'après le jeûne et la prière. Oubliez-le, si vous ne pouvez mener de front l'étude des choses de fond et l'essai des premières forces de l'invention. Vous y reviendrez plus sain et plus dispos, quand vous aurez fait acte de force par la volonté, la persistance, le dégoût vaincu, le sacrifice des amusements et des flâneries.

Soyez licencié en droit pour arriver à être quelqu'un : alors, nous ferons ensemble toutes les études littéraires que vous voudrez, et si je vois poindre le vrai talent, je vous le dirai. Alors, vous marcherez dans ce sens en vous meublant l'esprit et en travaillant la langue, qui est l'instrument, mais non le souffle.

Pardonnez-moi de vous contrarier, vous que j'aime tant, mais, croyez-moi, je vous aimerais mal et en égoïste si je vous disais autrement. Changez votre vie et vos habitudes si votre milieu vous empêche de travailler. Comment a fait mon neveu René, qui a étudié son droit à la campagne, auprès de la Châtre et qui allait passer ses examens à Paris ? Il n'avait pas besoin d'un professeur pour lui mâcher sa besogne. Il la mâchait lui-même avec ardeur. Il voulait arriver, et vous voyez que le gros garçon ne s'en porte pas plus mal.

Vous avez le malheur d'être riche, mon cher enfant, c'est agréable, mais pernicieux. Songez-y sérieusement. Prenez votre cœur à deux mains et qu'il vous obéisse. Richesse oblige.

Dites-moi que vous voulez vouloir, et bientôt vous pourrez vouloir beaucoup. Je vous embrasse tendrement pour moi, pour nous tous. Maurice, à qui je dis que vous êtes un peu découragé, est de mon avis. Il voudrait bien avoir fait son droit, lui! Il regrette six ans de sa vie qu'il a passés à être malade de croissance. Il voudrait les rattraper.

Dites toutes mes tendresses chez vous.

G. SAND.

XXVIII

« Changez votre vie et vos habitudes si votre milieu vous empêche de travailler, m'écrit madame Sand. Je suivrai son conseil. Je viens d'arrêter un petit appartement 46, rue d'Enfer. C'est très isolé, très triste : aucun ami, aucun plaisir ne viendra me distraire dans ces parages peu fréquentés. J'ai écrit à Nohant; voici les deux lettres que je reçois presque coup sur coup :

Nohant, 28 mars 1876.

Bravo et merci, cher enfant, votre bonne résolution nous rend tous heureux, et nous remercions le père Cocolas, qui vous a remonté aussi. Ecrivez-moi souvent ; quand vous n'écrivez pas, c'est que vous êtes démonté, je le devine, et ça m'inquiète. Vos portraits sont très bien, nous vous aimons mieux sans barbe. C'est plus net et plus jeune. Moi, j'ai été vaillante tous ces jours-ci, aujourd'hui je retombe un peu, mais tout cela n'est rien.

J'ai lu l'Etrangère et aujourd'hui les Danicheff, *que Dumas m'a envoyés en manuscrit. C'est très saisissant et attendrissant, les* Danicheff.

Nous avons ici un vieil enfant de la maison Eugène Lambert, le peintre des chats. En voilà un que j'ai dû remonter souvent! Mais il a doublé le cap, il a du vrai talent : il gagne de quoi bien vivre, il est bien marié et il a un garçon bien drôle qui est mon filleul. Notre Lambert est heureux quand il se retrouve ici. Il dit que Nohant est sa maison et son lieu de naissance. Il a été, avec Maurice, le créateur du théâtre Balandard. Il est stupéfait des progrès et des inventions actuels.

J'espère bien que nous ne resterons pas longtemps sans vous voir. Je crois que cela dépend de vous et que plus vous travaillerez, plus vous aurez des jours de loisir à nous donner. Mais, avant tout, travaillez ! Dussions-nous être privés de vous. Nous voulons, nous devons aimer nos enfants plus que nous-mêmes.

Tout le monde vous embrasse et les petites vous adorent toujours.

G. SAND.

Nohant, 1er avril 1876.

Mon cher enfant, je vous supplie de prendre mon appartement à Paris : il est commode et propre ; les cheminées vont bien. Vous avez le jardin du Luxembourg sous les yeux et à votre porte ; enfin, vous êtes, je crois, tout près de M. Accolas. Vous pren-

driez la chambre de Maurice, Martine ferait votre service; elle demeure dans la maison, elle est toujours là. C'est une femme sûre, très dévouée et intelligente : elle serait enchantée d'avoir un ménage à faire. Elle ne sait pas faire la cuisine, mais elle fait très bien l'omelette, la côtelette et le café du déjeuner. Elle a fort bien soigné mon neveu Edme, qui a passé là un été à faire son stage pour les finances et qui n'a jamais si bien travaillé. Il avait pris la petite salle à manger pour son cabinet de travail. Vous prendriez mon bureau et le salon si vous le préfériez. Vous auriez, comme lui, le droit de vous enfermer. Il renvoyait les visiteurs en disant : « Je suis chez ma tante, je n'y reçois pas. »

Si je vais à Paris, au printemps, pour quelques jours, vous ne me gênerez pas plus qu'il ne me gênait. Les deux appartements sont indépendants l'un de l'autre. Nous ne nous voyions qu'à l'heure de dîner ensemble, et j'étais contente de sentir là quelqu'un, car Martine loge en haut, et je me trouvais plus en sûreté avec lui à quelques pas de moi. Vous voyez qu'au lieu de me gêner vous me rendrez service, et pour vous ce sera la solitude que vous ne trouverez pas ailleurs. Vos amis vous suivront n'importe où,

Le salon de Nohant.

excepté dans un local où vous direz : « Je ne suis pas chez moi et je n'exhibe pas l'appartement de G. S. »

Je ne vous dirai pas que la rue n'est pas bruyante elle l'est beaucoup, surtout pour qui habite l'entresol, mais un Parisien a l'habitude des voitures, et si vous ne l'avez pas à ce point-là, il est bien bon de la prendre. Enfin, dites-moi oui. Je serai enchantée, j'écrirai vite un mot à Martine qui préparera tout et vous remettra une clef.

Dans tous les cas, si vous ne vouliez pas demeurer là, prenez l'appartement comme un refuge pour vos heures de travail. Vous n'en trouverez pas de meilleur et vous n'y aurez pas chaud l'été, on peut le ventiler comme une lanterne.

Répondez-vite et acceptez, vous me ferez tant de plaisir que ce serait mal de dire non.

Mes tendresses chez vous. Que je suis heureuse que tout aille bien, et comme vous prenez le bon bout de la vie !

Tout le monde vous embrasse.

G. SAND.

Je lis et je relis cette lettre : elle me touche

profondément. Que de délicatesse, que de prévoyante bonté, que de preuves d'affection elle contient!... J'accepte sans hésiter l'offre qui m'est faite; il me semble que je n'ai pas le droit de refuser.

Nohant, 4 avril 1876.

Cher enfant, j'écris à Martine, elle époussettera et préparera tout demain mercredi et vous attendra jeudi *pour se mettre à votre disposition. Vous savez qu'elle est libre jusqu'à cinq heures et demie et qu'ensuite elle va ouvrir les loges à l'Opéra-Comique. Faites vos arrangements avec elle pour le déjeuner, si vous voulez déjeuner à la maison, ce qui vous prendrait moins de temps que d'aller au restaurant. Pour vos dîners vous avez non loin de vous, Magny et d'autres moins bons, mais encore plus près. Magny est cher, mais sa cuisine est aussi saine que celle qu'on a chez soi : elle ne rend jamais malade. Le meilleur arrangement serait de lui dire :* « *Je veux dépenser tant par jour, à telle heure, donnez-moi ce que vous voudrez pour me bien nourrir et rentrer dans vos frais.* » — *Il m'a nourrie pour 4 à 5 francs par dîner quand j'étais seule. Il est vrai que je buvais à peine de vin, mais je prenais beaucoup de café. Je crois que pour 6 francs par dîner vous seriez très, très bien nourri. Dites-lui que vous venez de ma part. Vous aurez quelquefois l'agrément de sa conversation, mais il vous soignera, c'est un si brave homme qu'il ne m'ennuie pas. Enfin si vous voulez dîner chez vous, il vous fera porter votre dîner.*

C'est un quartier qui vous fera l'effet de la province, mais on s'en tire quand même, et, dans mes marchands, j'ai trouvé beaucoup de braves gens. Si vous voulez boire frais le soir, vous le direz à Martine qui vous fera porter de la glace par Mme Barré, la cafetière du coin, une berrichonne de la Châtre.

Le dîner sonne. Merci d'avoir pris ce bon parti. Vous y aurez toute économie, toute sécurité, toute liberté, et vous me faites un immense plaisir.

G. Sand.

XXIX

Me voici installé, 5, rue Gay-Lussac.

Je remplis de point en point le programme que m'a tracé Mme Sand.

Nohant, 8 avril 1876.

Oui, cher enfant, écrivez-moi toutes les semaines, que je sache bien que vous êtes bien et que vous travaillez. Je ne peux pas vous dire comme je suis contente de vous savoir dans mon petit nid, où vous n'aurez pas tous les ennuis d'un entourage incommode et le mauvais service de quelque valet fripon ou pochard. Je crois que vous gagnerez beaucoup de temps à ne pas aller chercher votre déjeuner dehors et souvent un déjeuner peu sain, car ce quartier n'est pas outillé comme le vôtre pour les aises de la vie. Il a, en revanche, une tranquillité d'habitudes qui me l'a toujours fait préférer aux autres et vous verrez que vous vous y plairez. Ce vieux Luxembourg avec son palais florentin a sa poésie et des coins de solitude où l'on ne se sent pas dans le plat du Paris-Sardanapale. Au printemps, le matin, quand il fait beau et que j'ouvre ma fenêtre, les parfums du jardin m'arrivent comme à Nohant. Et, quand je vais à pied chez Magny, j'ai, tout le long du chemin, le salut amical des boutiquiers, comme si j'étais à la Châtre.

Nous nous faisons une joie de vous voir au mois

de juillet et vos petites amies, à qui nous avions dit que peut-être vous n'auriez pas le temps de venir avant les vacances, ont dansé dans la chambre en apprenant qu'elles n'auraient pas à attendre jusque-là. Moi j'espère vous voir auparavant, si la santé veut revenir avec un peu plus de suite. Hier, n'ayant pas souffert depuis plusieurs jours et me sentant des jambes pour arpenter le jardin, je me croyais guérie, mais le soir j'ai encore souffert des douleurs atroces que je ne sais plus à quoi attribuer puisque je n'ai plus aucun signe appréciable d'une maladie quelconque. Enfin, il faut patienter et il n'est pas mauvais de savoir souffrir sans découragement.

Il fait un temps qui ne permet pas la tristesse. Les gazons sont jonchés de fleurs et les arbres se couvrent de leur neige printanière. La petite île si laide est devenue un paradis. L'eau déborde dans le pré et la pervenche, mêlée aux jacynthes et aux primevères, forme un véritable tapis. Les rossignols sont arrivés. J'en ai vu un hier qui me regardait de tout près d'un air hardi et curieux : mais ils ne disent rien encore. Ils font leur installation avant de chanter.

Ma Lolo est dans une série de maux de tête qui retardent les études. C'est moins accusé que l'année dernière, elle n'a pas perdu ses fraîches couleurs et elle dort bien.

Tout mon cher monde vous embrasse tendrement et vous crie d'avoir bon courage.

G. SAND.

Nohant, 17 avril 1876.

Nous vous remercions tous, cher enfant. Mon Dieu, le bel azaléa et des bananes que nous adorons, et toutes ces gourmandises, mais trop, toujours trop! Nous sommes honteux de tant de gâteries dont vous ne prenez pas votre part. Ce qui me fait plus de plaisir que tout, c'est que vous vous trouviez bien pour travailler et que le goût vous en vienne réellement. J'ai le cœur content de vous sentir dans une bonne voie et forcément arraché à la vie frivole de Paris où l'on se dépense avant d'avoir acquis. Toute la famille d'ici vous en sait gré, vous aime et vous embrasse tendrement.

G. SAND.

. . . .

Les jours passent : le mois de juillet me semble

bien loin et je trouve le temps terriblement long. Je pense beaucoup à mes chers hôtes de Nohant : il n'en peut être autrement; tout ce qui m'entoure me parle d'eux sans cesse. Je voudrais que là-bas il en fût de même.

Ces jours derniers j'ai trouvé chez un oiseleur un griffon écossais, gros comme deux fois le poing. Je sais que Mme Sand désire un chien semblable. Je l'achète donc, pour son anniversaire de naissance. Seulement, comme le mois de juillet est encore très loin, je ne résiste point au désir de lui annoncer la prochaine arrivée de ce très important personnage.

Nohant, 26 avril 1876.

Toute la maison est vivement émue de la bonne et grande nouvelle. Aurore et Titite se disputent l'honneur de baptiser le joli hôte attendu. Maurice veut qu'il soit paladin et s'appelle Roland, *moi je voudrais qu'il restât écossais et s'appelât* Claymore. *Vous choisirez, ce qui mettra fin à la discussion; quand il sera habitué à un nom il faudra bien qu'on le lui laisse.*

Quelle fête ce sera le jour de son arrivée, surtout si vous êtes le conducteur. Je ne sais vraiment pas si j'irai à Paris auparavant. Il m'est survenu un gros rhume qui m'ajourne encore. Enfin, vous viendrez, c'est ce qui me console et me fait prendre patience. — Et vous travaillez, et vous y prenez goût! — C'est là encore le plus grand plaisir que vous puissiez me faire, cher enfant, et puisque votre bonne et tendre affection se préoccupe toujours de me contenter, songez bien que chaque heure de votre travail est une joie de cœur que vous me donnez.

Embrassades et tendresses de tous.

G. Sand.

Que votre mère est bonne de se charger de ce pensionnaire qui va peut-être la tourmenter et l'ennuyer. Remerciez-la bien pour moi, et dites-lui toutes mes tendresses.

. . . .

J'ai rencontré M. Plauchut hier soir sur les boulevards. Il m'a confirmé ce que me dit Mme Sand au sujet du petit chien (qui s'appellera *Claymore*; son nom est déjà gravé sur son collier). L'arrivée de ce personnage est, paraît-il, très impatiemment attendue et par mes mignonnes amies et par Mme Sand elle-même.

— Si vous ne pouvez vraiment pas aller porter ce chien à Nohant, me dit M. Plauchut, tâchez de trouver quelqu'un qui se charge de cette importante commission, mais n'attendez pas le mois de juillet.

Je ne réponds rien : mon parti est pris. Quand je ne devrais rester à Nohant que quarante-huit heures, j'irai. Et je n'aurai pas grand mérite à cela, je suis bien trop heureux de saisir l'occasion qui m'est donnée. J'écris donc simplement pour annoncer mon arrivée et je pars sans prendre le temps d'attendre une réponse.

Nous voici à Nohant Claymore et moi. Toute la famille nous attend dans la salle à manger. La gentillesse de ce petit chien a vite fait de conquérir tous les suffrages. Mme Sand est ravie ; une seule pensée gâte sa joie, c'est que je ne vais faire que paraître et disparaître.

— Restez-nous donc quelques jours, Amic, me dit M. Maurice, vous reprendrez plus tard vos études de droit. Croyez-moi, il faut savoir goûter la joie des jours présents sans se soucier du lendemain ; sait-on jamais ce que nous réserve l'avenir ?

Quelques semaines plus tard, je devais me rappeler bien amèrement ces paroles-là. A l'heure présente, malgré toutes les années écoulées, elles résonnent encore cruellement à mon oreille !...

— Non, Maurice, disait Mme Sand, il ne faut pas chercher à le retenir, ce cher enfant. Bien qu'il m'en coûte beaucoup de le laisser partir, je ne dois point le garder ici puisque ses études en souffriraient. Il ne m'appartient pas de contrecarrer la volonté de ses parents. Plus tard, quand il aura terminé son droit, oh ! alors ce sera différent; nous le ferons travailler tous les deux.

Je monte avec Mme Sand dans son bureau.

— J'ai eu l'autre soir, me dit-elle, un succès de lecture dont, je l'avoue en toute sincérité, j'ai été très agréablement surprise et émue. Je lisais à mes petites filles deux contes qui ont paru dans la *Revue des Deux-Mondes* et que j'ai faits pour elles : « *Monsieur le chien* » et « *Fleur sacrée* ». Monsieur le chien, vous savez que c'est l'histoire de mon cher vieux Fadet. Pour être à la fois fidèle à la vérité et gagner tout ensemble les bonnes grâces de Titite, j'avais mêlé aux aventures de Fadet celles de sa Lisette : j'étais donc à peu près certaine que ce premier conte lui plairait. Il n'en était pas de même du second, beaucoup plus fantastique et plus coloré, mais qui me semblait plus loin d'elle. Vous vous souvenez que ce sont les aventures d'un éléphant blanc qui meurt victime de son dévouement à son maître? J'avais fini ma lecture depuis un court instant, et, derrière mes lunettes, je regardais Gabrielle. Aurore connaissait ce conte; je le lui avais lu déjà : « Eh bien, Titite, tu ne dis rien?... » Jusque-là la pauvre enfant n'avait point bougé, mais tout d'un coup : « Ah! bonne mère, s'écrie-t-elle, la pauvre petite bête!... » et la voilà qui éclate en sanglots. Le croiriez-vous, nous avons eu toutes les peines du monde à la consoler? Ce n'est pas tant mon amour-propre d'auteur qui a été flatté que mon cœur de grand'mère qui s'est ému. Je m'occupe forcément moins de Gabrielle que d'Aurore; si je faisais l'éducation de l'une et de l'autre, je ne pourrais plus écrire du tout, mais je les aime également. Titite est très bonne, c'est, comme nous l'appelons, « la mère aux bêtes », seulement elle est un brin distraite quand elle entre dans mon bureau; elle ne m'embrasse pas toujours et je souffre un peu de ces oublis-là. Je suis certaine aujourd'hui que ce n'est qu'une étourderie très excusable à son âge : sa sensibilité s'éveille.

Un instant après, Aurore est près de nous. Elle fait un vacarme insensé, un vacarme à rendre fou des sauvages. Elle tape à tour de bras sur des tambours de basque et autres, joue des castagnettes un instant après ou souffle dans je ne sais quelle musique, le tout sans arrêter. Cela d'ailleurs ne paraît nullement troubler Mme Sand qui continue à peindre le sourire aux lèvres sans la moindre tentation de s'écrier : « Pas si fort ! »

Tout d'un coup, Aurore s'arrête brusquement.

— Dis donc, bonne mère, pourquoi ne tutoies-tu pas Amic ? C'est-il que tu ne l'aimes pas, par hasard ?

— Si je dois le tutoyer, cela viendra sans que j'y songe mon enfant, mais cela ne rendra pas plus grande mon affection pour lui. Le tutoiement n'est qu'une habitude et parfois même une mauvaise habitude qu'on prend aisément en fréquentant les coulisses des théâtres. Au fond cela ne prouve rien ; la familiarité ne conduit pas toujours à l'amitié.

— Tu tutoyais bien ta grand'mère pourtant ?

— Oui certes, mais les liens de famille et les liens d'amitié ne sont pas les mêmes.

— Dis-moi, bonne mère, tu l'aimais bien ta grand'mère ?

— Je l'aimais profondément et sa mort m'a causé un grand chagrin.

— Crois-tu que ce sera dans longtemps que nous, nous serons séparées ?

— Je n'en sais rien, ma fille, cela sera assez triste quand le moment sera venu ; n'en parlons pas avant.

— Lirons-nous l'*Iliade* aujourd'hui, bonne mère ? interroge Aurore.

— Attends un peu. Et souriant : « Vous n'imaginez point, mon enfant, avec quelle passion nous lisons Homère. Lolo et moi nous ne sommes point d'accord. Ses sympathies sont pour les Grecs et le bouillant Achille. Elle prétend qu'ils étaient les offensés, et que Minerve la déesse de la justice, sa divinité préférée, marchait avec eux. Moi, je prends parti pour les Troyens et le vieux Priam, parce qu'ils ont été plus malheureux.

Je veux me retirer afin de laisser Aurore prendre sa leçon.

— Crois-tu que tu vas bien travailler aujourd'hui ? lui demande Mme Sand.

— Tout de même, bonne mère.

— Appelle la fée Attention à ton aide : c'est toujours plus prudent.

Aurore fait trois fois sa petite évocation... et je m'en vais.

... Ce soir, après le dîner, tandis que Mme Sand fait des patiences, je lui parle de « Mlle *la Quintinie* ».

— Si ce livre vous a fait du bien, si vraiment il vous a préservé du doute, comme vous me l'affirmez, j'en suis heureuse, me dit-elle, et pourtant, malgré cela, tout au fond de moi-même je regrette de l'avoir écrit, parce que je ne peux plus l'écrire et qu'aujourd'hui je comprends ce livre de façon différente. Je n'ai pas fait ce que je voulais faire : cela arrive.

La conversation tombe ensuite sur M. Thiers.

— La carrière politique de cet homme finit mieux qu'elle n'a commencé, s'écrie Mme Sand. Il a toujours eu plus d'habileté que d'honnêteté. Il est vrai que certains proclament qu'en politique, la droiture et la loyauté ne sont que des mots. Je ne pense pas comme eux. Je crois au contraire que les fourbes ne triomphent jamais qu'en apparence, et que rien de stable ne peut être établi sur une mauvaise base. Lorsqu'un ver, si petit soit-il, s'est introduit dans un fruit, cela tout d'abord ne se voit pas, mais son secret travail avance vite et, dès qu'il a paru, la pourriture est certaine. Il en est de même d'un gouvernement, d'une idée politique ou d'une conquête quelconque qui s'appuie sur quelque déloyauté; quelque grand que soit son succès, le germe de mort est en lui.

Je demande à Mme Sand si elle a connu M. Thiers.

— Oui, me dit-elle, un jour même il m'est arrivé avec lui une assez plaisante aventure. Ah! il y a bien longtemps de ça. C'était avant la révolution de 1848. J'avais été invitée à dîner chez de hauts personnages, qui tenaient beaucoup à m'avoir et il m'avait été impossible de refuser. Seulement, comme j'ai horreur de ce qu'il est convenu d'appeler le monde et que, de plus, j'exècre les exhibitions, j'avais fait promettre à la maîtresse de la maison que nous ne serions chez elle que très peu nombreux. A dîner le programme fut à peu près observé, mais après le dîner, quand on passe au salon, il y avait foule. Je ne dis rien, mais j'entraînai Emmanuel Arago dans une sorte de vestibule, sous prétexte de lui conter quelque chose, et je le prie d'aller me chercher mon manteau. J'attendais donc là tranquillement, lorsque survint le petit Thiers. Il se mit aussitôt à me parler avec quelque empressement, je lui répondis de mon mieux : mais tout d'un coup, je n'ai jamais su pourquoi, voici qu'assez brusquement la fantaisie lui vint de m'embrasser. Je refusai, bien entendu : il en fut très profondément étonné, il me regardait tout ébahi avec des yeux bien drôles. Lorsque Emmanuel Arago revint, je me mis à rire de bon cœur. Le petit bonhomme Thiers ne riait pas, par exemple, il semblait très furieux et tout déconcerté. Monsieur Thiers

Don Juan ; je suis sûre que vous ne vous figuriez
pas cela, mon enfant. Voilà comme le temps
change les hommes.

... L'heure du départ arrive : je me sens tout
triste. Ah ! comme je voudrais rester. Je sens si
bien que ce que j'apprends ici seulement en écoutant est de beaucoup préférable à ce que tous les
professeurs de droit du monde peuvent m'en-
seigner. Je ne résiste pas pourtant, j'ai promis
d'obéir et j'obéis, malgré M. Maurice qui continue à ne point approuver mon départ. J'embrasse
Mme Sand une dernière fois, hélas ! pour la dernière fois et je quitte Nohant.

XXX

Nohant, 10 mai 1876.

*Votre lettre nous fait grand plaisir, cher enfant,
comme c'est bon et aimable d'avoir fait tout ce chemin
pour contenter ma fantaisie de petit chien !... Le chien
est un vrai bijou, mais la tendre amitié que vous
me témoignez est un trésor.*

Nous sommes tous heureux de vous avoir embrassé

et nous attendons le mois de juillet avec impatience. J'espère vous voir auparavant. Mon rhume n'a pas dégénéré en grippe et mes autres bobos vont mieux, mais il me faut attendre qu'il ne fasse plus froid pour aller à Paris. J'irai seule probablement, donc vous n'aurez pas à vous déranger, au contraire, mes enfants seront contents de savoir que je ne suis pas seule dans mon logis.

Plauchut m'écrit qu'il a dîné, chassé et couché aux Bouleaux. Je crois qu'on l'y gâte et que le gros coquin se laisse faire.

Mme Plessy m'écrit, à 2 heures du matin, en sortant de sa grande soirée d'adieux, que le public a été exquis pour elle, et qu'elle part tout de suite pour la Bourgogne sans passer par Nohant, parce que son vieux papa et son frère l'attendent, malades tous deux.

Au revoir donc bientôt, cher enfant, mais écrivez tout de même. Vos jeunes et vieux amis de Nohant vous embrassent bien tendrement.

G. Sand.

Nohant, 18 mai 1876.

Voilà enfin qu'il fait chaud, mais je suis encore trop patraque pour partir, et puis Maurice est encore souffrant de névralgies qui vont d'une oreille à l'autre et lui causent des crises de quelques heures très douloureuses. Le sulfate de quinine déplace et atténue, mais ne supprime pas, à moins d'une régularité qu'il n'observe pas assez. Les autres chers mondes vont bien.

Je lis le livre de Renan qui est très curieux, c'est le combat intérieur d'une âme éclose dans la foi du passé, aux prises avec les clartés du présent. Il dispute quelques épaves au grand naufrage. La lettre de Berthelot donne une grande valeur à l'ouvrage et contient une grande vérité qui avait été dite déjà par Pierre Leroux et par beaucoup d'autres; c'est que dans les hypothèses de l'idéalisme, le sentiment seul doit être consulté. Rien autre ne conduit à une solution et c'est chimère de vouloir prouver Dieu par des raisons autres que celles du cœur et de la conscience. Mais Berthelot lui-même reconnaît que ces raisons-là ont une valeur sans laquelle le genre humain redescendrait à la brute.

Bonsoir, cher enfant. Aimons-nous, voilà la philosophie de tous les temps, vos petites amies vous embrassent et vous aiment.

G. Sand.

Cette lettre, datée du 18 mai, est la dernière que je devais recevoir, signée de ce cher grand nom que j'aimais, — que j'aime toujours tant ; — moins de quinze jours après, Mme Sand se mit au lit pour ne plus se relever.

J'appris d'abord, par un de ses neveux, qu'elle était assez souffrante, mais je ne croyais pas, je ne voulais pas croire à la gravité du mal. J'adressai pourtant une dépêche à M. Maurice. Le 3 juin, je reçus le télégramme suivant :

La maman a du mieux.

Sand.

Je reçus le 4 juin, à neuf heures du matin, un télégramme ainsi libellé :

Du 3 du mieux, 4 matin, mieux. Ai reçu lettre Madame Maurice. Inutile aller à Nohant.

Martine.

Puis, le soir, — heure du dépôt, 3. h 30 :

M. Charles Sagnier a quitté Nohant hier soir, 6 heures. Aujourd'hui il est à Paris. Danger conjuré opération faite par le D{^{r}} Péan.

MARTINE.

Ces dépêches m'avaient presque rassuré. L'idée d'une opération m'inquiétait pourtant. J'ai su depuis qu'une paralysie de l'intestin s'était déclarée et que ce mal était aussi grave que cruellement douloureux. Je rentrai à Paris le lundi 5 juin. Durant l'après-midi, je reçus le télégramme suivant :

Prévenez les amis qu'elle est bien mal.

SAND.

Je reçus comme un coup en lisant ces mots-là. Je ne savais plus ni que faire, ni que décider. Je me sentais tout à fait incapable de penser à quoi que ce soit, sinon à la chère malade de là-bas, qui souffrait sans que je pusse rien tenter seulement pour alléger sa souffrance.

La tombe.

Le 6 juin, Martine me remit la dépêche suivante :

Ma mère toujours très mal, venez.

MAURICE SAND.

Des dépêches écrites en hâte à mes parents et à mes amis, — une valise faite sans savoir au juste ce que je fais, et me voilà parti, très hâtivement, sans prendre seulement la peine de regarder derrière moi.

L'idée de la mort me traverse l'esprit. Je veux l'écarter, la chasser, mais je n'y parviens pas. Ne plus voir Mme Sand, ne plus l'entendre jamais, non, non, c'est impossible, on ne meurt pas si vite que cela. Elle était en pleine santé la dernière fois que je l'ai vue, — dans la dernière lettre qu'elle m'écrivait, — il y a quelques jours à peine de cela; — elle me parlait encore de son prochain voyage à Paris, on ne fait pas de semblables projets quand on est à la veille de mourir, — je me dis tout cela et je me reprends à espérer. Puis je songe aux télégrammes envoyés par M. Maurice et mon espoir s'en va avec mon illusion. Pour qu'il m'appelle aussi précipitamment à Nohant, il faut que la situation soit des plus graves.

Ah ! quel douloureux et interminable voyage !

J'arrive à Châteauroux. Je demande si l'on sait des nouvelles. On me répond, par monosyllabes : personne ne sait rien. J'ai peur. Tant de choses ont pu se passer depuis que j'ai quitté Paris !

Le cheval qui me conduit ne va pas assez vite à mon gré et cependant il nous mène bon train. Hélas ! il peut aller aussi rapidement que le vent, je ne serai satisfait qu'une fois arrivé.

Je me souviens de mon premier voyage à Nohant, de l'accueil qui m'a été fait dans cette maison bénie, puis peu à peu, sans que je m'en aperçoive, de grosses larmes coulent de mes yeux.

Alors que j'étais encore à Sainte-Barbe, au temps où je n'avais jamais vu, où je ne croyais jamais connaître George Sand, je me souviens que déjà j'avais pour elle un culte véritable. Je ne souffrais point qu'on parlât devant moi de son caractère et de sa personne autrement qu'avec respect. Et cela semblait étrange à mes camarades. Ils me plaisantaient là-dessus et me poursuivaient doucement de leurs moqueries.

Mes parents eux-mêmes souriaient souvent de mon admiration passionnée.

— Tu devrais écrire à Mme Sand, me disaient-ils, pour la prier de t'envoyer une pantoufle ou un vieux gant.

... Puis les années avaient passé, et j'avais eu la joie bien rare de voir mon rêve se réaliser et cela, sans que mon religieux enthousiasme en fût diminué, bien loin de là !

Si la bonté n'avait point existé avant sa venue sur terre, je suis sûr que George Sand l'aurait inventée.

... La voiture quitte la grand'route. Dans quelques minutes nous serons arrivés.

C'est Mme Maurice qui me reçoit Hélas ! aux premières paroles dites par elle, je sens bien qu'elle a perdu tout espoir de voir guérir jamais la chère petite bonne mère qu'elle aime tant.

— Voulez-vous la voir, Amic ? me demande-t-elle.

— Oh ! oui, madame.

— Seulement, vous savez, il ne faudra pas

pleurer. Vos larmes lui feraient du mal. Je ne veux point que notre douleur vienne s'ajouter à sa souffrance.

Mes sanglots m'empêchent de répondre ; j'ai la faiblesse stupide de ne pouvoir commander en ce moment à ma sensibilité, ni à mes nerfs.

— Demain, je serai plus sûr de moi, madame, attendons à demain.

— Oui, c'est cela.

… Hélas ! le lendemain, Mme Sand était plus mal. Je ne devais pas avoir la consolation douloureuse de la revoir vivante.

— Vous avez eu tort de ne point m'écouter quand je vous disais de rester ici près de nous, la dernière fois où vous êtes venu, me dit M. Maurice d'un air navré ; maintenant, mon pauvre ami, vous ne reverrez plus ma mère !

Pauvre M. Maurice, son chagrin le rend incapable d'agir, incapable de se rendre utile auprès de la malade qui l'a aimé plus que tout au monde.

Mme Sand est soignée par Mme Maurice, puis par ses neveux MM. Oscar Cazamajon et René Simonnet et sa fille Mme Solange Clésinger.

Le docteur Favre est à Nohant. J'essaie de lui parler : je voudrais qu'il me permît d'espérer, mais il demeure silencieux, il refuse de se prononcer. Ce n'est point aux médecins, c'est à la nature, c'est à Dieu qu'il appartient de faire des miracles.

Aurore et Gabrielle errent toutes deux à travers la maison, tristes et muettes, les pauvres mignonnes, comme deux petites âmes en peine.

Les animaux eux-mêmes semblent s'associer au prochain deuil de la maison. Ils ont conscience qu'en ce moment il se passe autour d'eux quelque chose d'anormal. — Fadet me regarde de ses gros yeux ronds : le pauvre chien a l'air tout triste : il paraît qu'il est monté jusqu'à la porte de la chambre de Mme Sand et qu'il s'est couché sur le seuil. Pauvre bête !... On a dû le renvoyer.

Au dehors, la nature est exubérante de verdure et de fleurs. Les rossignols, ces gentils chanteurs ailés que Mme Sand aimait tant, ont commencé leurs harmonieux concerts, mais à travers la fenêtre entr'ouverte de la chambre de la bonne dame de Nohant, on entend s'échapper des plaintes et des exclamations douloureuses, et je n'ai plus la possibilité d'écouter autre chose.

. . . .

Aujourd'hui, le curé de Nohant-Vicq s'est présenté au château pour demander si l'illustre malade n'avait point besoin de son ministère.

C'est Mme Maurice qui l'a reçu.

— Mme Sand a toute sa connaissance, lui a-t-elle dit, du moment où elle ne vous a pas fait demander, monsieur, votre vue pourrait l'affecter, peut-être même aggraver son mal. Nous n'avons pas le droit de risquer cela : veuillez donc vous retirer ; à son premier désir, je vous promets de vous faire appeler aussitôt.

... Le curé de Nohant se retire. Il descend au jardin et se tient assez longuement sous les fenêtres de Mme Sand. Quelqu'un l'aperçoit et lui demande pourquoi il demeure là au lieu de regagner son presbytère.

— J'ai entendu les cris de souffrance de la malade, murmure-t-il doucement en s'en allant à pas lents, et j'ai prié Dieu de la prendre en pitié et de la recevoir dans son infinie miséricorde ; puis, je l'aie bénie. Si ma bénédiction n'est point repoussée, elle ira jusqu'à elle.

Et cela dit, il s'en va.

Nous voici le 8 au matin. La nuit a été mauvaise. Il est 10 heures. Nous sommes réunis au salon.

Le docteur Favre entre et nous dit : « C'est fini. »

Je me dresse tout droit et je me sens pâlir : je n'ai pas même la force de pleurer.

— Voulez-vous la voir ? me demande le docteur.

— Oui, je le voudrais bien.

— Alors, venez.

... Nous voici dans la chambre de Mme Sand. Elle est morte sur un lit de fer qu'on avait avancé tout près de la fenêtre, afin qu'elle pût respirer plus facilement. Ses grands beaux yeux sont fermés maintenant, fermés pour jamais !... L'admirable petite main que je couvre de mes baisers et de mes larmes n'écrira plus jamais, jamais !... Ah ! l'atroce parole, comme elle déchire le cœur, comme elle fait toucher du doigt toute la faiblesse, toute l'infirmité de la nature humaine !

Le lit de Mme Sand est maintenant tout jonché de fleurs.

Je la vois bien encore, mais elle ne me regarde plus.

... Voici l'heure de l'ensevelissement.

Mme Solange Clésinger a une pensée touchante. Elle place dans les mains de sa mère les portraits d'Aurore et de Gabrielle. Mme Sand s'en ira ainsi emportant avec elle l'image de ses petites-filles jusque dans sa tombe.

... Les amis accourent en foule.

Alexandre Dumas fils arrive à Nohant la veille de l'enterrement.

Voici Gustave Flaubert, le prince Napoléon, le parrain d'Aurore, Ernest Renan, Edouard Cadol, Paul Meurice, Armand Silvestre, Charles Edmond, Calmann Lévy, Eugène Lambert, Charles Sagnier, la famille Boutet, Paulin de Vosson, Emile Aucante, les Girerd, Antoine Ludre, Mme Gustave Fould, etc., etc., tous les amis de la Châtre, et combien d'autres encore.

On a ouvert le testament de Mme Sand pour savoir si elle avait exprimé une volonté ou un désir relatif à la façon de régler son enterrement.

George Sand a gardé le silence sur ce sujet. Elle a laissé ses enfants libres d'agir à leur guise.

M. Maurice, d'accord en cela avec sa sœur Mme Clésinger, décide que le corps de sa mère sera conduit à l'église et que l'enterrement sera précédé d'une absoute.

. . . .

Depuis le matin, le ciel est tout ombré de gris et il pleut, non point une grande pluie, une de ces pluies rageuses qui semblent battre la terre, mais une pluie fine, très fine : c'est comme un brouillard mouillé qui vous enveloppe et vous pénètre.

M. Plauchut me donne le bras. Notre peine est la même : nous ne nous quittons pas. Nous n'avons pas besoin de parler pour nous entendre : nos pleurs nous suffisent.

La petite église de Nohant est trop petite pour que tout le monde y prenne place. Je reste près de la croix de pierre au pied de laquelle quelques mois auparavant nous sommes venus nous asseoir Mme Sand et moi, pour voir danser à Aurore et à Gabrielle la bourrée au son de la cornemuse.

Cette musique résonne encore à mon oreille : il me semble que c'était hier.

Gustave Flaubert est demeuré près de nous. Sa haute taille domine la foule. Son grand chapeau de feutre gris, ses longues moustaches rousses, son teint coloré, son air martial enfin lui donnent je ne sais quel aspect de mousquetaire. Lui aussi est ému et il ne le cache point. Ce grand homme pleure comme un enfant.

La cérémonie est terminée; le cortège sort lentement du porche de l'humble petite église. D'abord vient le vieux sonneur, le père Caruat; il s'avance à pas très lents le dos voûté sous sa blouse bleue. La flamme du cierge qu'il porte est rendue vacillante par le tremblement de sa main. Derrière lui apparaît le corps porté à bras, puis la famille; les enfants et les femmes berrichonnes jeunes et vieilles tout enveloppées de la tête aux pieds de leurs grandes capuches noires.

En voyant sortir ce pieux cortège de l'église, Gustave Flaubert, tout en se découvrant en même temps que nous tous, ne cherche point à retenir les grosses larmes qui s'échappent de ses yeux, puis presque tout haut faisant un geste large qui embrasse tout ce que nous voyons : « Ça lui ressemble ! » s'écrie-t-il. Et c'est vrai. Cette poétique et simple cérémonie tout empreinte de triste mélancolie est d'accord avec le souvenir de la grande âme qui n'est plus.

Mme Maurice nous a fait distribuer à tous de petites branches de laurier que chacun de nous jettera dans la tombe au lieu d'eau bénite. La chère morte emportera ainsi avec elle tous les lauriers qu'elle aurait pu cueillir encore.

Nous voici au cimetière.

Alexandre Dumas fils ne prononce point le discours qu'il a passé la nuit à écrire. (L'auteur du *Demi-monde* a fait paraître ce discours un an plus tard dans une *Revue*.)

Victor Hugo vient d'adresser télégraphiquement à M. Paul Meurice un discours qu'il le charge de lire; il commence ainsi :

« Je pleure une morte et je salue une immortelle.

« Je l'ai aimée, je l'ai admirée; je l'ai vénérée aujourd'hui, dans l'auguste sérénité de la mort je la contemple.

« Je la félicite parce que ce qu'elle a fait est

grand, et je la remercie parce que ce qu'elle a fait est bon. Je me souviens qu'un jour je lui ai écrit :
« Je vous remercie d'être une si grande âme. »
« Est-ce que nous l'avons perdue ?
« Non.
« Ces hautes figures disparaissent mais ne s'évanouissent pas. Loin de là, on pourrait presque dire qu'elles se réalisent. En devenant invisibles sous une forme, elles deviennent visibles sous l'autre, transfiguration sublime ! »

Les discours se succèdent.

Ils sont tous ce qu'ils doivent être. La mémoire de Mme Sand ne périra point, son souvenir demeurera éternel ; c'est vrai. Mais la gloire ne console que les cœurs sans tendresse.

Autour de nous paysans et paysannes pleurent à grands sanglots. La plupart d'entre eux ne savent ni lire, ni écrire, ce qu'ils savent bien seulement c'est que la bonne dame de Nohant est morte. Ils ne comprennent rien du tout à la gloire littéraire de leur illustre compatriote, et ils en peuvent très peu savoir. Finalement ce n'est point sur elle, c'est sur eux-mêmes qu'ils s'apitoient et se lamentent. George Sand était compatissante à toutes les misères. Elle se cachait pour faire le bien, comme d'autres pour faire le mal.

. . . .

La cérémonie terminée. On se sépare. Les soucis de chaque jour vont retomber sur les épaules de chacun de nous et peu à peu, avec le temps, certains oublient. Les ans qui passent font les ingrats.

Pour moi, j'avais un guide, subitement je l'ai perdu et me voilà tout seul. Tant que je vivrai le souvenir de George Sand qui m'est apparue comme une incarnation de la bonté suprême, demeurera toujours fidèlement présent à mon âme reconnaissante.

FIN.

ÉVREUX, IMPRIMERIE DE CHARLES HÉRISSEY

DERNIÈRES PUBLICATIONS

Format grand in-18, à 3 fr. 50 le volume

	vol.
ALEX. D'ARC	
La Steppe....................	1
ARMAND D'ARTOIS	
Le Capitaine Ripaille....	1
PHILIBERT AUDEBRAND	
Petits Mémoires du XIXe siècle..................	1
EDOUARD CADOL	
Le Fils adoptif.............	1
ADRIEN CHABOT	
Le Marquis de Saint-Etienne...................	1
EDOUARD DELPIT	
Bérangère...................	1
ANATOLE FRANCE	
L'Etui de Nacre............	1
A. GENNEVRAYE	
Roman d'un sous-lieutenant	1
GYP	
Tante Joujou................	1
LUDOVIC HALÉVY	
Karikari.....................	1
PIERRE LOTI	
Fantôme d'Orient...........	1
JEAN MADELINE	
Contes sur porcelaine.....	1
A. DE PONTMARTIN	
Derniers Samedis (3e série)	1
HENRY RABUSSON	
Bon Garçon..................	1
ALBERT RHODES	
Ruses de guerre............	1
J. RICARD	
Contes d'après-midi.......	1
RICHARD O'MONROY	
Madame Manchaballe.......	1
E.-A. SPOLL	
Les Parisiennes............	1
EDMOND TARBÉ	
L'Histoire d'Angèle Valéry	1
G. DU TILLET	
Cœur d'actrice..............	1
LÉON DE TINSEAU	
Maître Grafien..............	1
J.-J. WEISS	
Autour de la Comédie-Française.................	1